U0518663

组合预测模型
及其应用

王书平 ◎ 著

知识产权出版社

全国百佳图书出版单位

图书在版编目（CIP）数据

组合预测模型及其应用／王书平著 . —北京：知识产权出版社，2019.7

ISBN 978-7-5130-6360-9

Ⅰ . ①组… Ⅱ . ①王… Ⅲ . ①商品期货—期货价格—物价波动—市场预测—经济模型—研究 Ⅳ . ①F832.5

中国版本图书馆 CIP 数据核字（2019）第 138498 号

内容提要

本书从集成思想的角度提出了一些新的组合预测模型，试图更好地分析石油、电力、铜、小麦、玉米、大米等大宗商品的价格波动特征及运行规律，并有效预测产品价格的变化趋势，提高预测精度。

本书可作为从事预测科学、数据挖掘、计量经济分析的高年级本科生、研究生和科研人员的参考书，也适合大宗商品企业、商品期货投资者和国际贸易从业人员参考。

责任编辑：宋 云 褚宏霞 **责任校对：**潘凤越

封面设计：北京麦莫瑞文化传播有限公司 **责任印制：**孙婷婷

组合预测模型及其应用

王书平 著

出版发行：知识产权出版社有限责任公司 网 址：http：//www.ipph.cn

社 址：北京市海淀区气象路 50 号院 邮 编：100081

责编电话：010-82000860 转 8388 责编邮箱：songyun@cnipr.com

发行电话：010-82000860 转 8101/8102 发行传真：010-82000893/82005070/82000270

印 刷：北京虎彩文化传播有限公司 经 销：各大网上书店、新华书店及相关专业书店

开 本：720mm×1000mm 1/16 印 张：12

版 次：2019 年 7 月第 1 版 印 次：2019 年 7 月第 1 次印刷

字 数：190 千字 定 价：48.00 元

ISBN 978-7-5130-6360-9

前　言

1990 年以来，随着中国经济的高速发展，中国逐渐成为"世界工厂"，为世界加工和生产大量的产品。与此同时，中国也需要进口越来越多的初级能源和原材料，如原油、铜、铁矿石、大豆等大宗商品，对外依存度逐步提高。就在中国进口大宗商品的比例和数量不断上升的时候，国际大宗商品价格频繁波动，这种波动给中国经济造成了较大冲击。基于国际大宗商品价格波动的频繁性和剧烈性，及其对中国经济的重要影响，非常有必要深入研究国际大宗商品价格的影响因素、波动特征及运行规律，并有效预测产品价格的变化趋势，在此基础上建立我国的应对体系，这对维护我国的经济安全和产业安全具有重要的理论和实践意义。

在这一背景下，本书从集成思想的角度提出了一些新的组合预测模型，试图更好地分析石油、电力、铜、小麦、玉米、大米等大宗商品的价格波动特征及运行规律，并有效预测产品价格的变化趋势，提高预测精度。本书的主要工作如下。

1. 基于经验模态分解方法（EMD），建立了一个多尺度组合预测模型，并运用此模型对原油、铜、小麦等产品的价格波动进行分析和预测。

（1）基于分解—重构—集成的思想，运用经验模态分解法（EMD）、人工神经网络（ANN）、支持向量机（SVM）和时间序列方法，构建了一个多尺度组合预测模型。在模型构建过程中，提出了运用游程判定法对分量序列进行重构的新思路。首先，运用 EMD 将价格序列分解成多个 IMF 本征模分量和一个剩余分量；然后，利用游程判定法客观地重构出高频、中频、低频和趋势项四个部分，并从不规则因素、季节因素、重大事件和长期趋势等方面进行相应的解释。相比于不重构而直接对各分量进行预测，利用游程判定法重构能够极大减少预测工作量和预测的复杂度；同时，相比于其他预先设定好重构为几项的重构方法，游程判定法可以在充分反映各项波动特征的基础上客观地重构出合适的项数，重构标准更客观，而且可以赋予重构项经济含义，增强组合预测模型的经济理论基础。

（2）运用上述构建的多尺度组合模型，分析原油、铜和小麦等商品价格的波动特征，并进行预测。实证分析表明，上述多尺度组合模型的预测效果明显优于 ARIMA、Elman、SVM、GARCH、GM（1，1）等单模型，以及 ARI-MA - SVM 等组合模型，也优于对分解后的序列不重构而直接进行预测的 EMD - SVM - SVM 多尺度组合模型。横向比较来看，上述多尺度组合模型对铜价的预测精度最高，其次是小麦价格，再次是油价，特别是对未来方向走势的把握，铜价和小麦价格预测精度都高达83.3%，油价仅为50%，这主要是因为上述多尺度组合模型在预测周期性较强的商品价格时具有更大的优势。

2. 对第一部分提出的组合预测模型进行改进，试图提高模型的预测精度和效果。同时，探讨粮食价格的季节性和周期性波动特征，并运用所提出的多尺度组合预测模型对粮食价格的未来走势进行分析和预测。

（3）基于分解—重构—集成的思想，构建了一个多尺度组合预测模型。首先，运用集合经验模态分解方法（EEMD）分解时间序列；然后，用灰色关联分析方法对分量序列进行重构，一般重构为高频、中频、低频和趋势项四个部分，并从不规则因素、季节因素、重大事件和经济水平等方面对这四个部分波动特点进行解释；接着，针对不同特点的分量选择不同的方法进行预测；最后，对各预测结果用支持向量机进行集成，并得到最终的预测值。

在模型的构建中提出了灰色关联度方法进行重构的思路。相比不进行重构而直接预测，运用灰色关联度进行重构极大减少了预测的工作量和预测的复杂程度。相比其他预先设定项数等重构方法，灰色关联度方法既考虑了 IMF 分量之间的灰色关联程度又同时考虑了分量的波动频率，使得重构更加客观。

（4）运用最新的季节调整方法——X - 13A - S 方法对粮食价格的季节性波动进行分析，探讨趋势因素、不规则因素、交易日因素和假日因素对粮食价格的影响程度和规律，并结合实际情况进行验证，最后给出粮食价格具体的季节因子变化模式。得出结论有：第一，三种粮食价格序列经过季节调整后更加平滑，而且不存在残余的季节性因子，说明季节调整效果好；第二，粮食价格都具有比较明显的季节性波动，并且与它们各自的生长周期保持了一致；第三，不规则因素、趋势因素和季节因素三者共同决定了粮食价格的短期波动，而价格的长期变化是由趋势因素决定的。

（5）探讨了粮食价格的周期性波动特征。首先直观地分析了粮食价格波动的周期性，在此基础上，运用谱分析和小波分析方法进一步进行研究，试图揭示粮食价格波动的周期存在性和周期长度。实证分析表明，粮价存在 3 ~ 4 年的主要周期，这主要与农民依价格对粮食的生产进行调整有关。同时，在不同因素的综合影响下，粮食价格波动出现了多周期性，随着粮食商品金融化的发展，粮价的波动性越来越强，这也表明了未来的粮价周期呈现越来越短的趋势。

（6）运用基于 EEMD 分解的多尺度组合模型，对小麦、大米和玉米等粮食的价格波动进行分析和预测。实证分析表明，此模型的预测效果优于 GM（1，1）、BP 神经网络、SVM 方法、ARIMA 模型等单模型，以及 BP – SVM 组合模型，也优于基于 EMD 和 EEMD 分解的不重构模型和基于其他方法重构的组合模型。

3. 基于完全自适应集合经验模态分解方法（CEEMDAN），构建一个多尺度预测模型，试图进一步提高模型的预测精度和效果。运用此模型对北京市电力需求的影响因素、波动特征进行分析，并对北京市未来的电力需求进行预测。

（7）基于完全自适应集合经验模态分解方法（CEEMDAN），构建了一个新的多尺度组合预测模型。首先，运用改进的 CEEMDAN 方法对原始序列进行分解，该方法相对于小波分析、EEMD 等方法分解效果更佳；其次，根据最大信息系数（MIC）对分解后的分量序列进行重构，既能降低预测工作量又能保留重要信息；然后，运用 Elman 神经网络和支持向量回归机（SVR）进行预测和集成，并使用遗传算法（GA）进行参数优化；最后，对重构后的分量赋予一定的经济含义，完善相关预测理论。

（8）运用 CEEMDAN 方法，研究北京市电力消费的内在周期性，并基于非线性格兰杰检验等方法分析各内在周期所隐含的驱动因素。研究发现，分解后的北京市电力消费序列除一个长期趋势项以外，还包含四个内在周期，分别约为一个季度、半年、一年和两年。进一步分析表明，这些内在周期分别与降水、日照、平均气温和气压等气象因素的周期相对应。非线性格兰杰检验结果表明，一个季度的内在周期主要由日照和降水等气象因素引起；半年的内在周期成分则与平均气温和气压密切相关，与夏季和冬季用电高峰期相对应；一年的内在周期则反映了平均气温的变化。将内在周期为两年的子序列和趋势项重构为电力消费长期趋势，发现其与经济增长之间存在着长期协整关系，线性格兰杰检验结果则表明经济增长会促进电力消费，而电力消费反过来也会拉动经济增长。

（9）基于北京市的月度数据，从非线性和经济变量内生性的视角，运用两阶段广义可加模型，深入分析了经济增长和气象因素对北京市电力消费的影响程度和影响规律。分析表明，经济增长、气象条件等因素与电力消费之间均存在非线性关系；同时，电力消费和经济增长之间存在内生性问题。随着平均气温从零下逐渐上升，电力消费先平缓降低，然后在 14~22 摄氏度之间保持平缓，当平均气温超过 22 摄氏度以后，电力消费开始随着温度上升而迅速升高。

（10）运用基于 CEEMDAN 分解的多尺度组合模型，对北京市的电力需求进行预测分析。实证分析表明，此模型预测效果优于 ARIMA 等单模型预测方法，也优于基于 EMD 和 EEMD 分解的多尺度模型以及其他多尺度预测模型。

大宗商品价格波动特征及其预测方法的研究，是北方工业大学应用经济学专业重点研究的方向之一，本书的大部分内容在数量经济学研讨班上进行过交流和讨论，大家的建议对本书的写作大有裨益。参与这个研讨班的指导老师有吴振信教授、张蜀林副教授、张雪峰副教授、刘亚清副教授，研究生有胡爱梅、朱艳云、魏晓萌等，他们为本书的研究作出了重要贡献。事实上，他们也是本书一些章节的合作作者，其中，胡爱梅参与了第二篇的研究工作，朱艳云参与了第三篇的研究工作，魏晓萌参与了第四篇的研究工作，在此一并表示谢意！特别感谢国家电网北京经济技术研究院的赵茜博士，她为第四篇的研究工作提供了相关的数据，使得工作得以顺利进行。

　　本书的研究和出版得到了北京市社会科学基金项目（17YJB019）、北方工业大学北京城市治理研究基地和北方工业大学长城学者后备人才培养计划项目（XN018019）的资助，在此表示感谢！最后，感谢出版社及本书责任编辑的辛勤工作。

　　鉴于大宗商品价格问题的复杂性以及预测方法的应用前提，加之作者水平有限，书中疏漏之处在所难免。尽管如此，希望本书的出版能够对相关研究领域的学者、大宗商品相关企业，以及预测科学的发展有所帮助。同时，作者也恳请广大学者、同行、读者批评指正。

王书平

北方工业大学经济管理学院

2019 年 4 月

目 录

第一篇 绪 论

自 1990 年以来，随着中国经济的高速发展，中国逐渐成为"世界工厂"，为世界加工和生产大量的产品。与此同时，中国也需要进口越来越多的初级能源和原材料，如原油、铜、铁矿石、大豆等大宗商品，对外依存度逐步提高。就在中国进口大宗商品的比例和数量不断上升的时候，国际大宗商品价格频繁波动，这种波动给中国经济造成了较大冲击。基于国际大宗商品价格波动的频繁性和剧烈性，及其对中国经济的重要影响，非常有必要深入研究国际大宗商品价格的影响因素、波动特征及运行规律，并有效预测产品价格的变化趋势，在此基础上建立我国的应对体系，这对维护我国的经济安全和产业安全具有重要的理论和实践意义。本篇主要介绍本书的研究背景，以及预测方法的研究现状。

第 1 章介绍本书的研究背景。主要介绍了国际大宗商品价格的波动情况，以及这种波动对国民经济的影响情况；进而从国家层面、生产企业、贸易企业三个方面阐述了预测大宗商品价格走势的实际意义，以及开展预测方法研究工作的理论意义。

第 2 章介绍预测方法的研究现状。主要介绍了定性预测方法、结构预测方法、因果关系预测方法、时间序列预测方法、数理方法和组合预测方法等方面的研究进展，以及存在的问题和改进的方向。

第1章　研究背景

自1990年以来，随着中国经济的高速发展，中国逐渐成为"世界工厂"，为世界加工和生产大量的产品。与此同时，中国也需要进口越来越多的初级能源和原材料，如原油、铜、铁矿石、大豆等大宗商品，对外依存度逐步提高。近几年来，中国对大宗商品的对外依存度愈发严重，是世界上第一大铜、铁矿石、大豆进口国，第二大石油进口国，这些商品对外依存度都超过了50%。根据中国大宗商品研究中心公布的数据，仅在2011年，中国石油净进口量为2.63亿吨，对外依存度达到56.3%；铜和铁矿石的净进口量分别为300万吨和6.86亿吨，对外依存度均高达70%；净进口大豆5264万吨，对外依存度更是达到了80%。

就在中国进口大宗商品的比例和数量不断上升的时候，国际大宗商品价格频繁波动，这种波动给中国经济造成了较大冲击。

从20世纪90年代到2011年上半年，国际大宗商品价格剧烈波动，整体上大幅走高。价格上涨引起中国进口成本剧增，进而引发通货膨胀，减缓经济增长速度。同时，对财政政策和货币政策的有效实施也造成了不少困难，直接关系到国家的经济安全。例如，在进口铁矿石方面，2003~2008年，中国钢铁企业因铁矿石价格上涨多支出约7000亿元人民币，相当于同期中国钢铁企业利润总和的2倍多；在进口大豆方面，2006~2009年，由于价格上涨中国就多支付了1200亿元人民币（费建，2010）。造成巨大损失的原因除了中国缺失国际大宗商品定价权外（吴冲锋，2010；李艺和汪寿阳，2010），另一个重要原因是缺乏对国际大宗商品价格波动的有效预测。

从2011年下半年到2015年1月，国际大宗商品价格频繁波动，整体上大幅走低，特别是原油、铁矿石、有色金属等产品的价格降幅巨大，例如，布伦特原油期货价格已从 2014 年高点时的每桶 120 美元，跌到了 2015 年 1 月每桶不足 50 美元。国际大宗商品价格下跌对中国经济的影响，有很多经济学家、企业人士和市场人士在作分析和研究。从多数分析来看，目前对中国的影响还是利大于弊的，一方面，国际大宗产品价格一定程度范围内的下跌，可以降低中国企业的生产成本和人们的生活成本，从而增加企业利润和刺激消费，进而促进经济增长；同时，由于外汇支出的减少，也会增加中国政府财政政策和货币政策实施的灵活性；另一方面，如果国际大商产品价格进一步持续地、剧烈地下跌，则可能带来输入型通货紧缩，如果造成国内物价水平下跌超出一定范围，则会严重打击企业生产积极性并引发经济衰退；特别是，国际农产品价格的暴跌会带动国内粮食价格的下跌，从而出现"谷贱伤农"的现象，这样会严重影响到农业的稳定发展。

基于国际大宗商品价格波动的频繁性和剧烈性，及其对中国经济的重要影响，非常有必要深入研究国际大宗商品价格的影响因素、波动特征及运行规律，并有效预测大宗商品价格的变化趋势，在此基础上建立我国的应对体系，这对维护我国的经济安全和产业安全具有重要的理论和实践意义。

首先，从国家层面来看，大宗商品是经济发展的基本物质基础，对于国家安全有着重大的战略影响。如果能较为准确地预测大宗商品的价格走势，在价格有利的时候进口，这样就能大幅减少中国的进口支出，进而能极大缓解中国的输入型通货膨胀压力。由于进口成本的降低，政府也可以减少对以大宗商品为原材料的行业，如原油加工业、航空业、交通运输业、农产品加工业、钢铁行业等的各种补贴，从而增加有效实施财政政策的灵活性。不仅如此，由于外汇支出的减少，中国可以利用巨大的外汇储备来灵活调节人民币汇率的稳定性，从而增加有效实施货币政策的灵活性。

其次，从生产企业角度来看，大宗商品往往是生产的直接原材料（如航空业、交通运输业、饲料加工业），或者是产品（如原油开采业、有色金属企业），价格波动对企业成本和利润有直接影响。如果能较为准确地预测大宗商品的价格走势，就有利于生产企业抢占先机，合理规划，减少成本支出，获得较高利润。

　　最后，从贸易企业角度来看，大宗商品价格的大幅波动对中国贸易企业的影响往往更严重，可能造成很大的损失。这种损失除了外在的价格波动影响外，主要是由于企业缺乏研究团队、操作团队以及相应的决策机制，对价格波动风险估计不足。特别是在签订大宗商品期货买卖合约时，对未来的价格走势判断与实际情况可能出现较大的偏差。如果能够建立完备的大宗商品价格预测预警系统，能够帮助贸易企业有效规避价格波动风险，减少贸易损失。

　　国内外许多学者开发了各种各样的方法来分析和预测大宗商品价格。虽然很多时候这些预测方法的预测结果与实际值存在一定的差距，但学者们对预测方法的研究和大宗商品价格的预测仍然乐此不疲，这主要有两点原因：第一，预测方法的研究具有重要的理论意义，对促进科学的繁荣有重要助推作用；第二，大宗商品价格预测本身具有极其重要的意义和价值，如果能较为准确地预知未来的大宗商品价格，无疑会为一个国家的大宗商品出口和进口政策乃至经济安全提供重要的参考依据，促使国家和企业提前做好相应的准备。

第 2 章　预测方法的研究现状分析

2.1　国内外研究现状

根据中国科学院预测科学研究中心（http：//www.cefs.ac.cn/）提供的信息，国内有一些研究组从事国内相关商品的预测研究：（1）中国科学院数学与系统科学研究院陈锡康研究员主持的全国主要农作物产量预测研究组，已经在全国粮食、棉花和油料产量预测方面取得突出成果，目前正在开展对原油、煤等主要能源的需求预测；（2）中国科学院数学与系统科学研究院汪寿阳研究员主持的经济预测与预警研究组，在中国进出口贸易预测、中国外汇汇率预测、中国国际收支预警、国际原油价格波动预测等重要的经济和金融问题上，进行了深入的研究和预测，取得了许多优秀的成果；（3）中国科学院地理与资源研究所黄季焜研究员主持的研究组，系统地研究农产品生产、需求、贸易、价格预测分析，产生了重要的影响；（4）北京理工大学管理经济学院魏一鸣研究员领导的研究组，对中国若干种重要战略物资（原油、天然气等）的发展战略、生产和需求预测展开了系统研究，得到了石油、天然气管理部门及有关公司的很大重视；（5）中国科学院遥感应用研究所吴炳方研究员领导的中国农情遥感监测研究组，主要从事农情遥感预测预报，取得了显著的社会效益。

上述研究组的研究大多侧重于国内重要商品的需求、生产等方面的分析与预测。而本书的侧重点将放在中国紧缺的国际大宗商品价格的波动特征、运行规律和预测的研究上，这和国内大宗商品的需求、生产等方面的分析和预测一样，也是很重要的。

基于大宗商品价格波动分析和预测的重要性，许多学者开发了各种各样的方法来分析和预测价格，这些方法各有不同，但大致可归为以下几个方面。

2.1.1 定性预测方法

定性预测的目标是预测出大宗商品价格的总体走势而不是具体的价格数值。通过分析影响大宗商品价格的诸多因素包括供给、需求、库存、美元汇率、重大政治事件和突发事件等，对大宗商品价格未来的总体走势作出合理的预期和判断。定性预测的方法很多，主要包括德尔菲法和情景预测法等。

张学武和杨祺（2007）通过对影响原油价格的众多因素作定性分析并结合 2007 年上半年油价的走势情况，得出油价在 2007 年的第三季度将会继续上涨且 2007 年下半年国际市场油价仍将会高位运行的结论。另外，他们还将不同机构对油价的预测结果通过"专家"意见的组合，用德尔菲法得出最终预测结果。李继尊和姜克隽（2007）将影响国际油价的"三个不确定因素"，即主要产油地区局势动荡、国际游资投机炒作以及飓风等气候因素组合成不同的"情景"，在不同的情景下对原油价格的走势进行预测，并发现情景分析法比较适合诠释突发事件对油价的影响。

定性预测方法注重事物发展的大体走势预测，具有操作迅速便捷、灵活性强等优点，常用于预测相关信息比较模糊或者相关历史数据较少甚至无法量化的变量。但是这种方法也存在一定的劣势，比如，比较容易受到人的知识、经验、能力等的束缚和限制，且缺乏对事物发展作数量上的精确描述。而且，该类方法仅能预测出变量的总体发展趋势，而对未来一段时间变量变动的幅度大小如何却无能为力，往往不能满足人们日益增长的对变量进行更为深入了解的欲望。

2.1.2 结构预测方法

结构预测方法主要沿着两条思路进行：一是从成本的角度来预测；二是从商品供求均衡的角度来预测。Solow, R. M. 和 Wan, F. Y（1976）以及 Livernois, J. 和 R. Uhler（1987）从成本供给方面研究了商品价格是如何决定的。研究表明，对于不可再生资源，总供给成本不应只包括开采商品的成本，而且还应该包括商品的使用者成本，即因当代人使用而引起的后代人不能使用所产生的机会成本，总供给成本等于两者之和。根据经济学理论，商品的最优价格必须等于商品的边际成本，即边际开采成本与边际使用者成本之和。Paul Stevens（1995）为了研究国际原油价格的决定，从供给和需求两个方面构建了一个完整的理论框架，成为研究此类问题的一个基本框架。部分学者在此框架的基础上，结合不同的研究现状，增加一些新的特定解释变量（存货数量、经济增长等），从而构造出了解释力度更强、结构更为复杂的预测模型。

韩晓龙等（2007）运用蛛网模型讨论了我国粮食价格的决定过程及自发波动规律，蛛网模型主要是从动态的角度出发，根据趋势预期的思想并运用供求理论来解释价格、需求与供给的变动关系；周建双和李丽宁（2010）从中长期油价主要受供需影响这一经济学理论出发，在分析了供需影响因素的基础上，建立供需结构模型来预测国际油价的走势。

结构预测方法的优点是一般都有比较严格的经济理论作为基础，但是较少考虑经济数据之间的统计关系，这种方法受到了经济学家 Lucas 的批判，现在被称为"卢卡斯批判"，认为它属于条件预测，当模型参数发生变化时，在实际中可能出现预测失灵现象。

2.1.3　因果关系回归模型预测方法

这种方法主要是选取影响大宗商品价格的因素作为解释变量，然后对序列作回归分析和预测。Michael Ye 和 John Zyren（2005）根据原油储备量、原油产量、原油进口量和原油需求量等众多因素建立了每月原油价格预测模型。这是一种较原始的常系数回归模型预测方法，能够较好地解释大宗商品价格变化的原因。但是这种常系数回归模型预测方法也存在一定的缺陷，它忽略了残差的自相关成分，使方程对信息的提取不够充分；而且随着时间的推移，被解释变量和解释变量之间的变动关系也可能发生一定的改变，这种模型就不能很好地拟合数据。

近几年兴起了变系数回归模型，这种方法将大宗商品价格影响因素随时间产生变化考虑入内，引入变系数，预测精度得到了提高。舒通（2008）通过对差分自回归移动平均模型进行改进，在回归模型中引入原油价格的影响因素的滞后值，构建了具有可变系数的回归模型，并用来预测国际原油的价格波动。实证结果表明，与常系数模型相比，变系数回归模型的拟合精度有所提升。

尽管变系数回归模型具有更好的预测精度，但是该方法也存在一些明显的局限性，主要体现在以下几个方面：第一，模型要求包含的因素必须可以量化，对于不可或难以量化的重要影响因素，模型也因无法纳入而无从考虑；第二，影响商品价格的因素有很多，其中的影响机理也很复杂，即使是再复杂的预测模型，也不可能考虑到所有的影响因素；第三，因果关系回归模型有一个假设前提，即商品价格与各因素间存在的是一种简单的线性相关关系，但众多研究表明，商品价格的波动往往是非线性的，假设与之相违背。

2.1.4　时间序列预测方法

时间序列方法一直是用来预测大宗商品价格的热门方法。Granger 和 Morgenstern（1970）全面概述了随机漫步模型（一种常见的时间序列预测方法）及各种改进方法；C. P. E. Box 和 G. M. Jenkins（1976）提出了 ARIMA 模型，该模型是迄今为止本领域内最常用的时间序列预测方法，被广泛应用于各种时间序列的预测中；Mandelbrot（1963）研究了许多经济时间序列的分布，发现它们普遍存在比正态分布更厚的尾部，即所谓"厚尾"现象。此外，它们的方差也处于不断变化中，表现为某一时段方差较大，而另一时段方差较小，即所谓的"群聚"现象。Robert Engle（1982）进一步研究了 Mandelbrot 发现的时间序列普遍具有的"厚尾"现象和"群聚"现象，并提出了自回归条件异方差（ARCH）模型。ARCH 模型很好地描述了时间序列方差的时变性和群聚性，在经济的各个领域，尤其是金融领域得到了广泛的应用。诸多学者进一步在 ARCH 模型的基础上进行推广，发展了一些其他广泛运用的模型，如 GARCH 模型（Bollerslev，1986）、TGARCH 模型等。另外，时间序列预测方法还包括协整理论和误差修正模型（ECM）、向量自回归模型（VAR）和向量误差修正模型（VECM）等。

在国内，也有很多学者应用时间序列模型对价格进行预测。张方杰和胡燕京（2005）利用 ARMA 模型对大连商品交易所的豆粕期货价格进行预测，实证结果表明 ARMA 模型在短期中的预测效果较好；冯春山等（2005）运用 ARMA 模型和 ARFIMA 模型，研究了国际油价的长期记忆性，并对油价的未来价格波动进行了预测。实证结果表明，ARFIMA 模型可以很好地刻画油价的长期记忆性，而 ARMA 模型对此无能为力；ARFIMA 模型对油价的预测精度显著高于 ARMA 模型。郑恺和谷耀（2006）首先对原油以及成品油的市场结构和定价机制进行了研究，在此基础上，运用 VAR 模型研究了国际和国内油价之间的相互关系。实证结果表明，国内油价受国际油价的影响显著，而短期预期起到了关键的作用，国际油价的波动通过影响国内对原油价格的短期预期，最终引起国内油价的波动。肖龙阶和仲伟俊（2009）选取大庆原油价格数据，运用 ARIMA 模型，对中国的原油价格进行了短期预测。实证结果表明，ARIMA 模型对油价的预测效果较好，比较适合油价的短期预测。许立平和罗明志（2011）利用 ARIMA 模型对 2011 年上半年的黄金价格走势作了预测分析，并为我国调整外汇储备结构等提供了政策依据。

时间序列预测方法被广泛应用于价格时间序列的预测中，对短期的相对平稳的时间序列预测效果较好。但时间序列方法是一种非结构模型，主要是考察数据序列本身的特性，是基于数据的统计性质来建立模型，因此，这种方法也受到一些学者的批评，被认为是一种"缺乏经济理论"的方法。一般来说，时间序列方法适合于短期预测，长期预测由于存在累积性误差，其效果不是很理想。但是，时间序列方法能较好地拟合数据的线性部分，对趋势明显的数据的预测效果会比较理想。

2.1.5 数理方法

这种方法以数学、物理和系统工程中的一些理论如分形理论、混沌理论、小波分析、灰色系统理论、神经网络、支持向量机、模糊模式匹配等为理论方法基础，对商品价格波动进行分析和预测。Deng Julong（1982）首创性地提出灰色系统理论，是一种适用于研究少数据、少信息等不确定性问题的新方法；Abramson 等（1994）提出了一个基于信念网络技术的油价预测模型；Motuika 等（1996）采用模糊模式匹配对时间序列进行了预测研究；后来

Singh S. 等（2001）又采用 PMRS 对金融时间序列进行了预测；Tang 和 Hammoudeh（2002）提出了基于目标区域理论的油价预测模型；Ying Fan 等（2008）利用原油期货价格加权，提出了基于 PMRS 的期货加权油价多步预测方法，并根据国际原油市场演化趋势与原油价格预测模型，利用 RS 分析方法分析了油价序列的分型特征，然后进一步提出了基于遗传算法的广义模式匹配的油价预测模型（GPMGA）。Nigel Meade（2010）构建了基于高斯过程的油价预测模型。

韩冬炎等（2004）提出了基于分形方法的油价预测模型；刘孝成和王延明（2006）也利用分形模型对 2005～2008 年的油价进行了预测，实证结果表明其预测精度高于其他预测方法；覃东海和余乐安（2005）在分析原油价格波动原因的基础上，利用人工神经网络模型对原油价格进行预测；梁强等（2005）提出了基于小波分析的油价预测模型，并与其他方法的预测精度进行比较。结果表明，基于小波分解的预测模型相比 ARIMA，GARCH 等模型具有更高的预测精度；祝金荣（2007）运用支持向量机对国际油价进行预测，实证结果显示，其预测效果比 RBF 神经网络以及 ARIMA 模型要好；刘硕等（2009）在遗传算法的基础上构建了 BP 神经网络模型，并对国际煤价和油价作了短期的预测实证，还与普通的神经网络模型的预测结果作比较，发现在遗传算法的基础上构建 BP 神经网络模型的预测精度明显要好于一般的神经网络模型。张玉等（2012）根据支持向量原理，分别将油价序列的差分及其若干滞后项作为支持向量模型的输出项和输入项，并且首次尝试了一种新的滞后阶数的寻优方法，构造出了一个改进的用于油价预测的支持向量机模型，仿真结果表明，改进的 SVM 预测模型的准确率相对普通的 SVM 模型有所改善。

数理方法对于复杂的非线性函数拟合较好，在一定程度上对大宗商品价格预测有良好的改进作用，预测效果比较理想，在大宗商品价格预测中得到了较好的应用，是一个值得继续深入研究的领域。

2.1.6 组合预测方法

组合预测方法简单来说，就是把前面所说的一些方法按照一定的规则组合起来进行预测。组合预测理论与方法的研究，主要包括预测方法的组合和预测结果的组合两种。1969年，Bates和Granger首先提出组合预测模型思想，组合预测模型思想主要是考虑发挥多种预测方法的优势，将不同的预测方法组合起来以期提高最终的预测精度，得出更准确的预测结果。Krogh和Vedelsby（1995）证明了一个思想：当构成组合预测模型的单模型足够多样化并且各单模型用得足够精确的时候，组合预测模型一定能够取得比单独采用某个模型来预测更好的预测效果。Abramson和Finizza（1995）把信念网络与概率模型结合起来，对油价预测进行了实证研究；Ruy等（1999）考虑分别利用小波分析与专家模型的各自优势，构建了一个组合预测模型；Anestis Anto-niadiset等（2003）则提出了将小波方法与Hilbert自回归随机过程结合起来的组合预测模型；Ying Fan等（2008）构造了GED-GARCH组合预测模型，并将该组合模型用于原油价格的预测；S. K. Aggarwal等（2008）将小波变换方法与传统的多元线性回归方法结合起来建立组合模型来预测国际原油价格，基于相同的数据集，还利用多元回归模型和神经网络等经典单模型作了预测，预测效果对比显示，构建的组合模型的预测效果优于单模型。Nguyen和Nab-ney（2010）将小波分解和自适应机器学习法（如多层感知器、径向基函数）以及自适应GARCH模型相结合构建多尺度组合模型进行预测，预测精度明显改善。Ahmad Kazem等（2012）认为常规的ARIMA模型在预测非线性和非稳定的市场数据时精度不高，因此构建了基于混沌映射、Firefly算法以及支持向量回归的组合预测模型，实证结果表明，该组合模型比人工神经网络和基于遗传算法的支持向量回归的预测精度要高。

国内学者在组合预测模型方面也作了很多研究，取得了较大成就。唐小我教授（1997，1998，2002）对预测结果组合权重的确定方法进行了一系列研究，给出了求解最优权系数的公式（后被称为"唐法"），主要提出了折扣系数法、两种非负权重确定方法、加速遗传算法等许多确定预测结果组合权重的方法。陈华友等（2003，2006）也对组合预测权重问题进行了研究，给出了一些计算权重的方法，包括离差最大化的组合赋权方法以及基于IOWGA算子的组合预测新方法等多种新的计算权重的方法。汪寿阳和余乐安等成立的研究组（2004，2005，2008）将文本挖掘技术、计量经济模型和智能技术进行集成，提出了一个新的组合预测方法——TEI@I方法，并对国际油价和外汇汇率等进行了实证分析，预测效果较好。

余乐安等（2005）还根据信息系统开发理论，独立设计并开发了一个基于BPNN和Web的智能系统，只需输入时间序列并设置相关参数，系统会自动对其进行滚动预测。作者将其运用于外汇数据的预测中，发现该系统具有较高的预测精度；王书平等（2009）根据分解—组合的思想，利用季节调整技术和周期性分析技术，提出了季节—谐波模型，并对原油、燃料油等五种油品的价格作了实证分析，预测精度比一般经典单模型要优；吴虹和尹华（2010）基于ARIMA和SVM模型，构建了一个新的组合模型，并将其用于对原油价格的预测。实证结果表明，ARIMA-SVM组合模型同时具有两种单模型的优势，能够同时把握油价的长期趋势和短期波动，相对于单模型具有更高的预测精度。梅志雄（2010）在分析动态回归神经网络模型和ARIMA时间序列模型的基础上，提出了DRNN-ARIMA组合模型，同时将时空集成引入模型。将上述组合模型和不考虑空间影响的预测方法及其他单模型预测方法的预测结果进行对比，发现引入时空集成的DRNN-ARIMA组合模型具有更高的精度；张婷婷（2011）基于遗传算法和神经网络方法，构建了一个相应的组合预测模型，并对国际原油现货价格进行预测，结果表明组合模型的预测效果明显优于简单模型；陈超（2011）则利用支持向量回归理论融合灰色系统预测模型、神经网络预测模型和时间序列预测模型三种预测方法的预测结果，提出了基于支持向量回归的集成价格预测方法，并应用于玉米价格预测，预测误差小于三个基本单模型；王欣冉等（2011）提出了基于小波包和贝叶斯推断的最小二乘支持向量机的油价组合预测模型，结果表明该方法能够提高油价的预测精度；而郑俊艳（2012）利用小波变换和支持向量回归方法建立组合模型并应用于国际油价预测，通过小波变换把油价的长期走势分解出来，然后利用SVM方法来预测分解出来的长期趋势，预测结果相较于传统的计量回归模型要好。赵焕平（2012）建立了CAR-BPNN组合预测模型，实证结果显示CAR-BPNN组合模型预测精度要高于单独利用CAR和BPNN中的任何一个模型。

可以看到，一般而言，组合预测模型的预测效果都要好于一般单模型的预测。这是因为，组合预测方法通过对多种不同预测方法的组合或集成，能够充分利用各种预测方法的优势，发挥各种单模型之间的协同作用，能从不同角度挖掘出价格序列隐含的各种内在的信息，做到分散所有单模型预测所特有的不确定性并减少总体预测的不确定性，因而最终的预测效果在一定程度上会得到改善。

由于大宗商品价格序列往往具有随机因素影响大、非线性、非平稳性和多尺度等特征，为克服单一模型和一般组合模型在预测方面存在的不足，学者们已经开始利用一些分解方法（如小波分解法和 EMD 经验模态分解法等）在处理非平稳信号上具有良好的时间分辨率或频率分辨率等优势，特别是这些多尺度分解方法还能够将复杂的非平稳的价格序列分解为频率特征不一样但却相对平稳的多个时间序列，这样能够增强不同尺度上各分项的变化规律性，在此基础上再根据各分项的波动特征和规律，利用不同预测方法去预测，来建立多尺度组合模型去预测大宗商品价格。

Vance Bjorn（1995）认为小波变换是一种非常好的多尺度分解工具，因此在分析时间序列时考虑可以先使用小波变换将一个信号分解为多个尺度，然后每个尺度可以作为一个单独的时间序列来分析和预测，也可以将相关的几个尺度的数据合并在一起组合成几个重构部分分别进行预测，与一般的计量预测方法比较，这样先分解再预测可以获得更优的预测效果；Lean Yu 等（2008）构建了一个基于经验模态（EMD）的多尺度组合预测模型，用于对国际原油价格进行预测。首先利用 EMD 多尺度分解方法，把油价序列分解为多个本征模分量和一个剩余分量，然后利用神经网络方法对分解出来的各项直接进行预测，最后通过集成得到最终的预测结果。实证结果表明，多尺度组合模型取得较好的预测效果，预测精度优于一般的组合模型；Tang Mingming 等（2012）建立了一个基于多小波方法和递归神经网络的多尺度组合模型，即首先利用小波分析来捕捉数据序列的多尺度特征，然后选用神经网络方法分别对不同尺度的分项作预测，最后利用 BPNN 集成方法作最终的集成。利用这个多尺度组合模型预测了原油价格和黄金价格，实证结果表明，该多尺度模型的预测效果总体来说较好，并且横向比较发现，用于预测油价要远优于预测黄金价格。

杨云飞等（2010）构建了一个新的非线性多尺度组合模型——EMD -
SVM - SVM 模型，该模型主要基于"分解—重构—预测—集成"的思想，首
先利用经验模态分解法对价格序列进行分解，一般可分解成多个不同尺度的
分量和一个剩余分量，然后借鉴 Zhangxun 等（2008）的工作将各分解分量重
构成三个新序列，之后建立基于不同核函数的 SVM 模型来对这三项分别进行
预测，最后利用 SVM 进行集成得到最终预测值，实证结果表明该多尺度组合
模型明显优于单模型和一般的组合模型，跟其他多尺度组合模型预测精度相
近，但该模型具有更简单更易操作的优点。肖燕君等（2011）则基于小波分
解、灰色模型和 AR 模型三类方法，构建了一个多尺度组合模型，首先利用小
波多尺度分解方法对价格序列进行分解，然后利用 GM（1，1）模型和 AR 模
型分别对趋势项和随机项进行预测，最终对预测结果进行合成，通过对比预
测结果，发现新构建的多尺度组合模型的预测精度得到改善。刘金培等
（2011）基于小波分解、滑动平均离散差分方程和马尔科夫模型，构建了一个
非线性时间序列预测模型，即小波—SDDEPM—马尔科夫多尺度组合模型。该
模型不仅利用多尺度小波方法对序列进行分解，而且根据分解项的特征，引
入了整体趋势预测能力较强的离散差分方程，以及细节波动预测能力较强的
马尔科夫模型。结果表明，小波—SDDEPM—马尔科夫相比其他组合预测模型
具有更高的预测精度。姚传安等（2012）构建了一个基于小波分解和 Elman
神经网络的组合预测模型，该模型首先利用小波方法对序列进行分解，得到
多个不同尺度的分量序列，然后选用 Elman 方法对各分量序列分别进行预测，
从实证的预测效果比较可以看到，与单一的 Elman 神经网络方法和传统的计
量方法 ARMA 模型相比，该多尺度组合模型预测效果更优。

2.2 几点启示

综上所述，可以看到多尺度组合模型的研究还处于初步发展阶段，但是
应用前景非常广阔。现在关于该类模型的研究还存在这样几个问题：

第一，现有文献大多直接对分解出来的子序列进行预测，这样存在两个
问题：一是分解后的子序列相对偏多，预测工作量相对太大；二是分解出来

的子序列没有太大的经济含义，理论基础相对单薄。也有少部分文献考虑到重构，但重构项数一般预先确定，较为主观。因此，如何对分解后的子序列进行重构还有待进一步研究。

第二，分解方法和预测方法的选择都会直接影响模型的预测精度，因此，如何针对商品价格波动特点选择最优的分解方法和预测方法也有待进一步研究。

2.3　全书的内容结构

全书的篇章关系结构如图 2 - 1 所示。

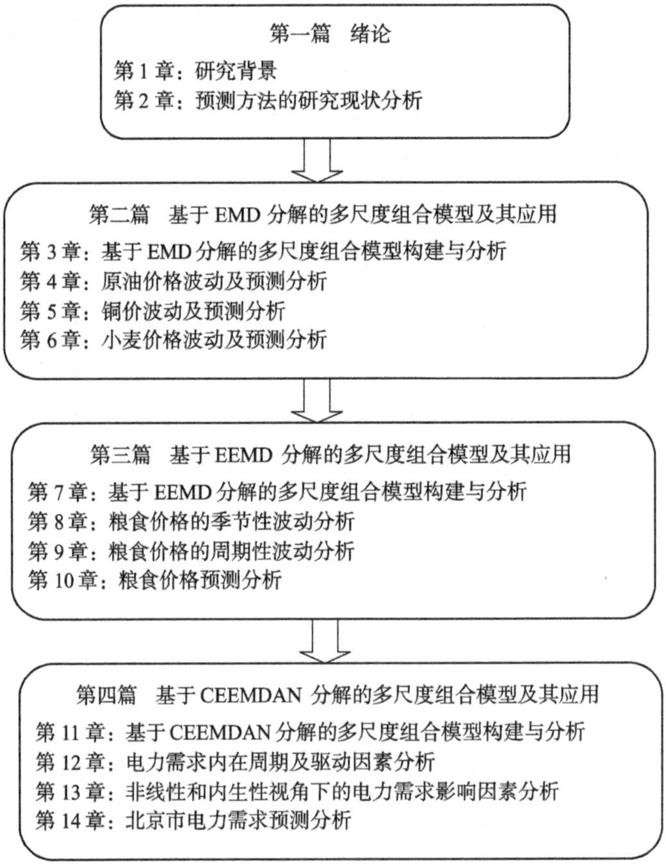

第一篇　绪论
第 1 章：研究背景
第 2 章：预测方法的研究现状分析

第二篇　基于 EMD 分解的多尺度组合模型及其应用
第 3 章：基于 EMD 分解的多尺度组合模型构建与分析
第 4 章：原油价格波动及预测分析
第 5 章：铜价波动及预测分析
第 6 章：小麦价格波动及预测分析

第三篇　基于 EEMD 分解的多尺度组合模型及其应用
第 7 章：基于 EEMD 分解的多尺度组合模型构建与分析
第 8 章：粮食价格的季节性波动分析
第 9 章：粮食价格的周期性波动分析
第 10 章：粮食价格预测分析

第四篇　基于 CEEMDAN 分解的多尺度组合模型及其应用
第 11 章：基于 CEEMDAN 分解的多尺度组合模型构建与分析
第 12 章：电力需求内在周期及驱动因素分析
第 13 章：非线性和内生性视角下的电力需求影响因素分析
第 14 章：北京市电力需求预测分析

图 2 - 1　全书篇章关系结构

本章参考文献

［1］ 费建. 解析中国大宗商品定价权［OL］. 锦程物流网, 2010 – 11 – 02.

［2］ 吴冲锋. 大宗商品与金融资产国际定价权研究［M］. 北京: 科学出版社, 2010.

［3］ 李艺, 汪寿阳. 大宗商品国际定价权研究［M］. 北京: 科学出版社, 2010.

［4］ 张学武, 杨祺. 2007 年国际市场石油价格变化特点分析及后期走势预测［J］. 中国能源, 2007, 29（8）: 25 – 29.

［5］ 李继尊, 姜克隽. 当前高油价不会改变中国经济增长的基本趋势［J］. 中国能源, 2007, 29（6）: 30 – 33.

［6］ Solow, R. M. and Wan, F. Y. Extraction Costs in the Theory of Exhaustible Resources ［J］. Bell Journal of Economics, 1976（7）: 359 – 370.

［7］ Livernois, J. and R. Uhler. Extraction Costs and the Economics of Non – Renewable Resources ［J］. Journal of Political Economy, 1987（2）: 195 – 203.

［8］ Paul Stevens. The determination of oil prices1945 – 1995: A diagrammatic interpretation ［J］. Energy Policy, 1995, 23（10）: 861 – 870.

［9］ 韩晓龙, 魏丹, 赵玉, 祁春节. 粮食价格决定机制: 基于蛛网模型的实证分析［J］. 价格理论与实践, 2007（9）: 39 – 40.

［10］ 周建双, 李丽宁. 基于供需结构模型的中长期国际油价趋势预测［J］. 中国投资, 2010（9）: 102 – 105.

［11］ Lucas, R. E. Econometric Policy Evaluation: A Critique ［A］. In K. Brunner and A. Meltzer（eds.）: The Phillips Curve and the Labor Market, Amsterdam: North – Holland, 1976.

［12］ Michael Ye, John Zyren. A monthly crude oil spot price forecasting model using relative inventories ［J］. International Journal of Forecasting, 2005, 21（3）: 491 – 501.

［13］ 舒通. 基于变系数回归模型的石油价格预测［J］. 数理统计与管理, 2008, 27（5）: 818 – 822.

［14］ Granger, C. W. J. and Morgenstern, O. Predictability of Stock Market Price ［J］. Lexington: Heath, 1970, 79 – 151.

［15］ G. P. E. Box, G. M. Jenkis. Time Series Analysis: Forecasting and Control ［J］. Revised ed., Holden Day, San Francisco, 1978: 96 – 102.

［16］ Mandelbrot, B. B. New Methods in Statistical Economics ［J］. Journal of Political Economy, 1963, (71): 421 – 430.

[17] Engel. Autoregressive Conditional Heteroskedasticity with Estimates of the Variance of U. K. Inflations [J]. Econometrics, 1982 (50): 987 – 1008.

[18] Bollerslev Tim Generalized Autogressive Conditional Heteroskedasticity [J]. Journal of Econometrics, 1986 (32): 307 – 327.

[19] 张方杰, 胡燕京. ARMA 模型在期货价格中的应用 [J]. 陕西统计与社会, 2005 (3): 39 – 41.

[20] 冯春山, 吴家春, 蒋馥. 石油价格的 ARFIMA 模型预测研究 [J]. 上海理工大学学报, 2005, 27 (6): 539 – 542.

[21] 郑恺, 谷耀. 国内油价高涨的主因——基于 VAR 的实证分析 [J]. 南方经济, 2006 (5): 84 – 90.

[22] 肖龙阶, 仲伟俊. 基于 ARIMA 模型的我国石油价格预测分析 [J]. 南京航空航天大学学报·社会科学版, 2009 (4): 41 – 46.

[23] 许立平, 罗明志. 基于 ARIMA 模型的黄金价格短期预测分析 [J]. 财经科学, 2011 (1): 26 – 34.

[24] Deng Julong. Control Problems of Grey Systems, Systems & Control Letters [J]. 1982 (15): 5 – 11.

[25] Abramson, B. The design of belief network – based systems for price forecasting [J]. Computer & Electrical Engineering, 1994 (20): 163 – 180.

[26] Motnikar B S, Pisanski T, Cepar D. Time – series forecasting by pattern imitation [J]. OR Spektrum, 1996, 18 (1).

[27] Singh S, Fieldsend J. Pattern Matching and Neural Networks Based Hybrid Forecasting System [C]. ICAPR, 2001.

[28] Tang, L. H. and Hammoudeh, S. An empirical exploration of the world oil price under the target zone model [J]. Energy Economics, 2002 (24): 577 – 596.

[29] Ying Fan, Qiang Liang, Yi – Ming Wei. A generalized pattern matching approach for multi – step prediction of crude oil price [J]. Energy Economics, 2008 (30): 889 – 904.

[30] Nigel Meade. Oil prices – Brownian motion or mean reversion? A study using a one year ahead density forecast criterion [J]. Energy Economics, 2010 (32): 1485 – 1498.

[31] 韩冬炎, 陈蕊, 崔立瑶. 对石油价格走势预测的数理研究——基于分形方法的应用 [J]. 价格理论与实践, 2004 (5): 51 – 52.

［32］ 刘孝成，王延明．基于分形理论的石油价格预测［J］．西安石油大学学报，2009
（3）：19－22.

［33］ 覃东海，余乐安．石油价格的预测及其对世界经济的冲击［J］．世界经济，2005
（3）：55－59.

［34］ 梁强，范英，魏一鸣．基于小波分析的石油价格长期趋势预测方法及其实证研究
［J］．中国管理科学，2005，13（1）：30－36.

［35］ 祝金荣．基于支持向量机的石油期货价格预测［J］．工业技术经济，2007，26（2）：
59－61.

［36］ 刘硕，何永秀，陶卫君，等．遗传BP神经网络的煤价预测与煤价风险规避策略
［J］．华北电力大学学报·自然科学版，2009（6）：75－81.

［37］ 张玉，何佳，尹腾飞．改进的支持向量机石油期货价格预测模型研究［J］．计算机
仿真，2012，29（3）：375－388.

［38］ Bates J. M., Granger C. W. J. The combination of Forecasts［J］. Operational Research
Quarterly, 1969, 20（4）：451－468.

［39］ Krogh A, Vedelsby J. Neural Network Ensenbles, Cross Validation, and Active Learning
［J］. Neural Computing & Applications, 1995（25）：231－238.

［40］ Abramson, B. and Finizza, A. Probabilistic forecasts from probabilistic models：A case
study in the oil market［J］. International of Forecasting, 1995（11）：63－72.

［41］ Ruy L., Milidiu, Ricardo J., Machado, Raul P., Renteria. Time－series forecasting
through wavelets transformation and a mixture of expert models［J］. Neuro computing,
1999（28）：145－156.

［42］ Anestis Antoniadis, Theofanis Saptinas. Wavelets methods for continuous time prediction u-
sing Hilbert－valued auto－regressive processes［J］. Journal of Multivariate Analysis,
2003（87）：133－158.

［43］ Ying Fan, Yue－Jun Zhang, Yi－Ming Wei. Estimating 'Value at Risk' of crude oil price
and its spillover effect using the GED－GARCH approach［J］. Energy Economics, 2008
（30）：3156－3171.

［44］ S. K. Aggarwal, L. M. Saini, Ashwani Kumar. Price forecasting using wavelet transform
and LSE based mixed model in Australian electricity market［J］. International Journal of
Energy Sector Management, 2008, 2（4）：521－546.

［45］ Nguyen, Hang T., Nabney, Ian T. Short－term electricity demand and gas price forecasts using wavelet transforms and adaptive models〔J〕. Energy, 2010, 35（9）: 3674 – 3685.

〔46〕 Ahmad Kazem, Ebrahim Sharifi, Farookh Khadeer Hussain, Morteza Saberi, Omar Khadeer Hussain. Support vector regression with chaos – based firefly algorithm for stock market price forecasting〔J〕. Applied Soft Computing, 2012（24）: 1 – 25.

〔47〕 唐小我. 经济预测与决策新方法及其应用研究〔M〕. 成都: 电子科技大学出版社, 1997.

〔48〕 杨桂元, 唐小我. 提高组合预测模型精度的方法探讨〔J〕. 预测, 1997（1）: 43 – 45.

〔49〕 杨桂元, 唐小我. 非负权重组合预测模型优化方法研究〔J〕. 数量经济技术经济研究, 1998（3）: 56 – 60.

〔50〕 王硕, 唐小我, 曾勇. 基于加速遗传算法的组合预测方法研究〔J〕. 科研管理, 2002, 23（3）: 118 – 121.

〔51〕 陈华友. 加权算术平均组合预测方法的最优化理论基础及性质〔J〕. 系统工程理论与实践, 2003（4）: 37 – 41.

〔52〕 陈华友, 盛昭瀚, 刘春林. 基于向量夹角余弦的组合预测模型的性质研究〔J〕. 管理科学学报, 2006（2）: 1 – 8.

〔53〕 Shou Yang Wang, Lean Yu, K. K. Lai. A Novel Hybrid AI System Framework for Crude Oil Price Forecasting〔C〕. Lecture Notes in Artificial Intelligence, 2004, 3327: 233 – 242.

〔54〕 Shou yang Wang, Lean Yu and K. K Lai. Crude oil price forecasting with TEI@ I methodology〔J〕. International Journal of Systems Science and Complexity, 2005（18）: 145 – 166.

〔55〕 Yu L A, Wang S Y, Lai K K. Forecasting crude oil price with an EMD – based neural network ensemble learning paradigm〔J〕. Energy Economics, 2008, 30（5）: 2623 – 2635.

〔56〕 余乐安, 汪寿阳, 黎建强, 等. 基于 BPNN 和 Web 的智能外汇滚动预测与交易决策支持系统的开发〔J〕. 管理学报（增刊）, 2005（2）: 109 – 114.

〔57〕 王书平, 吴振信, 张蜀林. 季节—谐波油价预测模型研究〔J〕. 数理统计与管理, 2009, 28（3）: 395 – 401.

〔58〕 吴虹, 尹华. ARIMA 与 SVM 组合模型的石油价格预测〔J〕. 计算机仿真, 2010, 27（5）: 264 – 266.

〔59〕 梅志雄. 应用 DRNN 和 ARIMA 组合模型的失控集成预测方法〔J〕. 小型微型计算机系统, 2010, 31（4）: 657 – 661.

〔60〕 张婷婷. 国际原油现货价格的预测——以 WTI 为例〔D〕. 杭州: 浙江工商大

学, 2011.

［61］陈超. 基于支持向量回归的集成价格预测方法研究［D］. 长春: 吉林大学, 2011.

［62］王欣冉, 邢永丽, 巨程晖. 小波包与贝叶斯 LS - SVM 在石油价格预测中的应用［J］. 统计与决策, 2011（6）: 162 - 164.

［63］郑俊艳. 基于小波变换和支持向量的国际原油价格预测［J］. 价值工程, 2012（5）: 140 - 141.

［64］赵焕平, 张凌晓, 杨新锋. CAR - BPNN 在股票价格预测中的应用［J］. 计算机仿真, 2012, 29（1）: 348 - 351.

［65］Vance Bjorn. Multiresolution methods for financial time series prediction［C］. Computational Intelligence for Financial Engineering, Proceedings of the IEEE/IAFE, 1995.

［66］Lean Yu, Shouyang Wang, Kin Keung Lai. Forecasting crude oil price with an EMD - based neural network ensemble learning paradigm［J］. Eneregy Economics, 2008（30）: 2623 - 2635.

［67］Tang Mingming, Zhang Jinliang. A multiple adaptive wavelet recurrent neural network model to analyze crude oil prices［J］. Journal of Economics and Business, 2012（64）: 275 - 286.

［68］杨云飞, 鲍玉昆, 胡忠义, 张瑞. 基于 EMD 和 SVMs 的原油价格预测方法［J］. 管理学报, 2010（12）: 1884 - 1889.

［69］Xun Zhang, K. K. Lai, Shouyang Wang. A new approach for crude oil price anlysis based on empirical mode decomposition［J］. Energy Economics, 2008（30）: 905 - 918.

［70］肖燕君, 张华, 任若恩. 基于小波多尺度分析的股票价格组合预测方法［J］. 工业工程, 2011, 14（6）: 133 - 137.

［71］刘金培, 林盛, 郭涛, 陈华友. 一种非线性时间序列预测模型及对原油价格的预测［J］. 管理科学, 2011, 24（6）: 104 - 112.

［72］姚传安, 姬少龙, 余泳昌. 基于小波变换与 Elman 神经网络的短期风速组合预测［J］. 可再生能源, 2012, 30（8）: 42 - 45.

第二篇　基于 EMD 分解的
多尺度组合模型及其应用

本篇提出了一个新的组合预测模型，并运用这个模型对石油、铜、小麦等国际大宗商品的价格波动进行分析和预测，实证分析表明，此模型提高了预测精度，取得了比较好的预测效果。

第 3 章是多尺度组合模型构建与分析。介绍了多尺度组合模型的基本思想，并分析了模型中主要应用到的经验模态分解法（EMD）、游程判定法、ANN、SVM 和 ARIMA 等方法的原理和优势，在此基础上构建了一个多尺度组合模型，并详细介绍了模型构建的基本步骤和模型的基本特点。

第 4 章是原油价格波动及预测分析。选取原油作为能源类大宗商品的代表，在分析了原油市场特点之后，应用第 3 章构建的多尺度组合模型对原油价格波动及预测进行分析，并将多尺度组合模型对油价的预测效果与其他单模型和组合模型进行了比较。

第 5 章是铜价波动及预测分析。选取铜作为基础原材料类大宗商品的代表，在分析了铜市场特点之后，应用第 3 章构建的多尺度组合模型对铜价波动及预测进行了分析，并将多尺度组合模型对铜价的预测效果与其他单模型和组合模型进行了比较。

第 6 章是小麦价格波动及预测分析。选取小麦作为大宗农产品的代表，在分析了小麦市场特点之后，应用第 3 章构建的多尺度组合模型对小麦价格波动和预测进行分析，并将多尺度组合模型对小麦价格的预测效果与其他单模型和组合模型进行了比较。

第 3 章　基于 EMD 分解的多尺度组合模型构建与分析

3.1　多尺度组合模型构建的基本思想

一般而言，时间序列具有非平稳和非线性等特征。时间序列的变化是受到多种因素综合作用的结果，这些因素包括序列的长期走势、季节因素变动、周期性变动和其他如心理、投机、突发事件等不规则因素的影响，等等。所以时间序列的趋势一般不可能是保持着单调上升或下降的态势，而是呈现一定上下起伏波动的规律，至于具体的波动形态，一般是跟各影响因素的作用大小相关。然而，对一些经典的时间序列预测方法，如 ARIMA 模型是属于线性预测方法，这种线性模型只能拟合出大体走势，基本不能捕捉到时间序列中的非线性变化因素；而一些机器学习方法和一般组合模型，虽然能够在一定程度上捕捉到时间序列的非线性因素，但是也存在其缺陷。如果能够根据某种规则对时间序列进行分解的话，能够更深入地分析各因素对总体价格序列的作用大小，更好地把握时间序列的波动规律，进而更准确地预测出未来的走势变动。

大量的实证研究表明，商品价格时间序列在波动过程中往往表现出一种多尺度（"多尺度"主要是指"多个频率"）特征。那么，是否可以根据时间序列的这一特征对其进行分解呢？小波技术和经验模态方法的提出给我们以答案。小波和经验模态等分解方法能够挖掘数据序列在不同频率也即不同尺度上的特征，更深刻地找出数据序列隐含的多种内在规律，且能很好地表现这些现象的本质特征。正是由于小波和经验模态等方法能根据不同尺度对时间序列进行分解，因此这类方法被称为多尺度分解法。由于多尺度分解方法具有计算简单、操作方便、应用快捷、预测表现良好等特点，在时间序列的预测方面得到有效运用。

多尺度组合模型的基本思想是：首先，利用某种多尺度分解方法将待处理的数据序列在不同的尺度上也即不同频率段上进行分解，从而将含有综合信息和具有复杂波动规律的非平稳的时间序列分解为频率和尺度特征不同的多个平稳时间序列，这些分解出来的在不同尺度上的多个子序列的波动规律是不同的；其次，为减少预测工作量和建模的难度，考虑选用某种重构方法将分解出来的多个子序列重构为频率特点不一样的几个部分，在此基础上，通过分析各重构项的波动特征，可以对重构项赋予一定的经济含义；再次，对不同的重构序列，根据其不同的波动特征和代表的经济含义，分别选用合适的预测方法进行预测，可以考虑综合利用传统的计量方法、数理方法、机器学习方法等多种预测方法；最后，利用集成方法把各重构项的预测结果进行集成，即可得到最终的预测值。

3.2　多尺度组合模型构建的理论基础

3.2.1　EMD 原理及其优势

（1）EMD 原理介绍。

经验模态分解法（EMD）是由美国国家航天局的美籍华人黄锷博士于1998 年提出，用于对即时频率进行研究。与 EMD 分解法同时提出的还有一个全新的概念，即 IMF 本征模函数。本征模函数是一类对称的、局部均值为零的、过零点和极值点数目相同的函数。黄锷博士认为，任何一串数据序列都可以被分解为若干个频率特征不一样的本征函数量，这种分解过程就是 EMD 经验模态分解法的基础。EMD 分解法是一种数据挖掘和处理方法，而且这种处理过程是完全自适应的，对非线性、非平稳、高信噪比的信号序列处理能力很强。

从本质上来看，EMD 分解方法是一种对信号序列进行平稳化处理的方法，通过将信号序列与具有不同频率的本征模分量进行匹配，使信号序列中不同频率的波动按频率从高到低逐级分解出来，得到多个具有不同特征频率特征的分量序列，每一个分量序列都是一个 IMF 本征模分量，一般第一个分解出来的 IMF 本征模分量是频率最高的，最后一个分解出来的 IMF 本征模分量是波动频率最低的。而且，最低频率的 IMF 本征模分量一般就是代表着原始数据序列的均值或者长期走势，也称为剩余分量。可以看到，通过 EMD 多尺度分解得到的各个 IMF 本征模分量，能够使得数据序列在不同尺度上的规律和特征更详细更突出，这对于进一步分析原数据序列的内在规律和有效挖掘原数据序列的波动特征有很大帮助。

（2）EMD 原理优势。

EMD 多尺度分解方法是一种全新的信号处理方法，自提出以来已经被成功地应用于许多领域。除 EMD 分解方法外，其他常用的多尺度分解方法还包括傅里叶分解法和小波分解法，相比之下，EMD 多尺度分解方法具有明显的优势，主要表现在以下几个方面。

首先，相对于传统的傅里叶分解方法来说，EMD 多尺度分解法具有更好的时频表现力。这是因为，EMD 经验模态分解法在时间和频率方面都具有很强的分辨率，而传统的傅立叶分解方法在频域内还能够获得较高的分辨率，但在时域内却基本可以说完全没有分辨能力，特别是在处理一些非平稳或非线性的时间序列数据时效果不太好。相比之下，具有高时频分辨能力的 EMD 分解法在处理非平稳和非线性数据的时候优势比较突出。

其次，相对于小波分解法，EMD 多尺度分解方法操作更简单，分解结果也更合理准确。这是因为，EMD 的整个分解过程都是自适应的且是直接自动生成的，也就是说，在 EMD 的分解过程中，信号本身就能直接产生基函数，不同的数据序列会自动生成不同的基函数，EMD 分解法能够根据数据的信号的不同特征自动找出最合适的分解项数，自动分解成频率由高到低的不同的有限个本征模分量，并且每个本征模分量都代表着原数据序列隐含的内在的物理信息。而小波分解法则需要预先选择基函数，通过多次尝试才能找出最合适的项数。所以，相对小波分解，EMD 分解法在分解过程的操作上有明显的优势。

3.2.2　游程判定法原理及其优势

（1）游程判定法原理介绍。

游程判定法的原理：假设某一时间序列为 $\{Y(t)\}$（$t=1$，2，…，N），首先计算该序列的均值并记为 $\overline{Y}$，然后对序列中的每个值做标记，比 $\overline{Y}$ 小的值记作"0"，比 $\overline{Y}$ 大的值记作"1"，这样原时间序列就可以相应地标记为一个 $\{0,1\}$ 序列。针对这个新得到的 $\{0,1\}$ 序列，每段连续相同的标记符号可以称为一个游程，即连续数个 0 算一个游程，连续数个 1 也算一个游程，最后可以得到整个时间序列的总游程数。

从游程判定法的原理可以发现，如果一个时间序列的游程数越大，就说明该数据序列的波动越剧烈；反之，如果一个时间序列的游程数越小，相应地说明该数据序列波动越平缓。游程数的大小反映了一个数据序列的波动程度，基于此，同时结合 EMD 分解法的原理和特征，本章提出了一个利用游程判定法重构的新思路。首先，把可能出现的最大游程数即时间序列样本总数 N，划分为 n 个区间，这里，n 是 EMD 分解后得到的分量个数，也代表着可能出现的最多的区间数和重构项的最大项数，这里采用等分区间法，操作简单且较为合理。这样，每个分解出来的分量序列的实际游程数会落在其中某一个区间，游程数落在同一个区间的分量的波动特征会比较相近。然后，把落在同一区间的分量序列叠加起来重构为一项，这样通过游程判定法就可以根据各分量客观地落在不同的区间重构出比较合适的项数，最后可以把波动特征类似的叠加合并得到若干重构项。

（2）游程判定法优势。

利用游程判定法进行重构这一新思路，有三个优势：第一，根据游程数重构，可以在重构过程中充分反映各分量的波动程度；第二，利用游程判定法重构是根据分量序列的波动特征及其客观落在不同区间的情况来判定，而不需要像一些方法主观地预先确定要重构成几项，相对来说更客观；第三，在此基础上，可以进一步分析重构项的波动特征，对重构项赋予一定的经济含义，增强其理论基础。

3.2.3　ANN 原理及其优势

（1）ANN 原理介绍。

人工神经网络方法（ANN）运用一种类似大脑神经的结构进行信息处理的，是一种按信息流动路径和网络拓扑结构连接不同神经元的算法数学模型。人工神经网络是对生物神经网络的一种理论抽象，通过简化和模拟生物神经网络的结构和功能，形成的一种网络系统结构。人工神经网络可以处理具有非线性关系的大数据之间的互联关系，是一种自适应的信息处理系统。首先利用相关数据对人脑学习过程进行模拟，根据度量动态确定各单元节点之间的连接权重值，通过调节选择自身合适的参数，从而改善神经网络自身的性能。人工神经网络可以通过非常简单的结构和大规模的并行对大样本数据进行学习，通过学习来获取并存储有效信息，具有很强的学习记忆和自适应能力，是一种记忆和识别已有信息的非常有效的新兴信息模式，被广泛运用于经济社会的各个领域。

按流动路径和连接结构的不同，人工神经网络主要可以分为以下三大类：一是以 Kohonen 特征映射为代表的自组织神经网络；二是以 BP 神经网络为代表的前馈型人工神经网络；三是以 Elman 神经网络为代表的反馈型人工神经网络。

其中，Elman 神经网络最初由 J. L. Elman 于 1990 年提出，最初用于解决语音处理问题，是一种动态递归的前向神经网络，具有局部记忆和局部反馈功能。Elman 神经网络一般利用实际输出，运用最小二乘法进行估计，同时采用梯度搜索技术寻找具有最小均方误差的网络输出。Elman 神经网络具有多层网络结构，一般分为四层：输入层、隐含层、关联层和输出层。其中，输入层、隐含层和输出层属于前馈网络，是该神经网络的主要结构。输入层的单元具有信号传输的功能；隐含层也被称为中间层，通过信号传递函数（线性或非线性）来传递信号；关联层又可称为承接层，也可看作一个特殊的隐含层（若把正常的隐含层称为普通隐含层），相当于具有一步延时算子的状态反馈方式，主要是通过记忆的方式将前一时刻的隐含层状态和当前时刻的网络输入返回作为隐层网络的输入。输出层则主要起线性加权的作用。

（2）ANN 原理优势。

人工神经网络通过抽象来简化和模拟生物神经网络的结构和功能，形成一套自适应的信息处理系统，具有十分强大的信息处理功能，尤其是对于具有复杂非线性关系的大数据，具有良好的逼近能力，在处理实际中的经济问题时，具有良好的性质，从而被广泛地运用到各个领域。人工神经网络主要具有以下几点优势。

①具有自学习和自适应的能力。自适应和自学习能力是人工神经网络最突出的特点，只需把需要处理的信息（如果有应识别的结果，也应输入）事先输入网络模型，人工神经网络就可以对已输入的信息进行自学习，同时为了适应不同信息的处理要求，对不断变化的信息进行自适应，以不断变化的动力系统来保持神经网络优良的信息逼近能力。人工神经网络的自学习和自适应能力，是其区别于其他预测方法的主要特点，对于预测（经济预测、效益预测等）方法的进步具有重大的意义。

②采用分布式存储信息。人工神经网络采用大量相互连接的神经元以及给各连接赋予相应的权重值来记忆知识信息，知识信息属于分布式存储，即知识信息分别存储在网络不同的神经元中。人工神经网络的分布式存储特点使其具有很好的稳定性和容错能力。由于采用分布式存储，所有知识信息都存储于各神经元，当网络的局部神经元出现损坏，或者当输入信号发生局部畸变时，网络对不完整信息仍然能够给出准确的信号，即具有良好的容错性。另外，采用分布式存储使神经网络具有较高的鲁棒性，表现为网络的稳定性较强。

③具有大规模并行协同处理能力。并行协同处理是指网络中每一神经元都可单独进行运算和输出结果，这种运算并不依赖于其他的神经元，所有神经元的输出结果同时计算出来，并输往下一层进行处理。人工神经网络大规模并行协同处理能力使运算速度得到了极大的提高，大大缩短了运算时间。同时，神经网络的大规模并行协同处理能力使网络能够高速地寻找到优化解，有效增强了网络对数据非线性的逼近能力。神经网络的上述能力是其在运算大样本数据时具有很强的适用性。

其中，以 BP 神经网络为代表的前馈型人工神经网络采用误差反向传播算法，系统地解决了神经网络中各隐含层的权重问题，因此得到了广泛的运用。然而，这类神经网络仍存在着一些弊端，最主要的一点，BP 神经网络采用的是静态空间模型，对动态时间问题的处理力度不够。针对上述缺陷，Elman 神经网络进行了很好的改进。Elman 神经网络将动态空间模型引入网络，是一种典型的动态反馈型神经网络。通过存储内部状态，Elman 神经网络可以映射知识信息的动态特征，从而具有适应知识信息时变特征的能力。此外，Elman 神经网络对于非线性的逼近能力优于一般的静态网络（如 BP 神经网络），收敛速度也得到了很大提高。

3.2.4 SVM 原理及其优势

（1）SVM 原理介绍。

支持向量机（SVM）是一种新兴的机器学习方法，于 1995 年由 Corinna Cortes 和 Vapnik 等首次提出。SVM 基于 VC 维和结构风险最小理论，通过平衡模型复杂程度和学习能力选择模型，从而对信息数据进行分析。SVM 模型的基本思想是：对给定样本的训练集，首先通过一个非线性映射，把输入变量映射到高位特征空间，然后在高位特征空间中再做线性回归，并构造出最优的学习器。SVM 方法是最大间隔超平面、凸二次规划、Mereer 核、稀疏解和松弛变量等许多技术的集大成者，应用起来学习速度快、泛化性能好，保证全局最优且结构简单。SVM 模型对解决小样本、高维数、非线性等复杂数据的处理能力较强。

（2）SVM 原理优势。

支持向量机在许多领域都得到广泛应用，主要在于它具备其他模型无法比拟的优点。

首先，不像传统的神经网络采用的是经验风险最小化原则，SVM 主要是针对结构风险最小化原则提出的，因此利用 SVM 预测时有更好的学习能力、泛化能力和推广能力。

其次，不像其他一些模型的复杂程度是取决于空间维数，SVM 的复杂程度是取决于支持向量的个数，而且 SVM 的最终决策函数只是由部分支持向量决定的，这样能够帮助很好地剔除一些冗余的样本病抓住关键样本，在很大程度上避开了"维数灾难"。在用于预测时可降低建模的复杂程度且减少预测的工作量。

3.2.5 ARIMA 原理及其优势

（1）ARIMA 模型介绍。

ARIMA 模型即差分自回归移动平均模型，由美国威斯康星大学的 Box 和 Jenkins 教授于 1968 年提出，也可称为 Box – Jenkins 模型。ARIMA 模型广泛运用于经济、商业预测和分析中，其基本思路是将被预测对象看作一个随时间 t 的变化而生成的随机序列，即时间序列，并且用一个特定的数学模型来近似描述这一序列。

ARIMA 模型以序列的平稳性为前提，其基本步骤类似于 ARMA 模型，但是首先有一个将非平稳时间序列转化为平稳时间序列的过程，即差分过程，也即模型简写式中字母 I 的含义。ARMA 模型的基本形式为 ARMA (p, q)，其中 AR 为自回归项，p 为自回归阶数，MA 为移动平均项，q 为移动平均项数。ARMA 模型的一般表达式如下：

$$Y_t = c + \varphi_1 Y_{t-1} + \varphi_2 Y_{t-2} + \cdots + \varphi_p Y_{t-p} + \varepsilon_t + \theta_1 \varepsilon_{t-1} + \cdots + \theta_p \varepsilon_{t-p}$$

如果某一时间序列经过单位根检验，发现属于非平稳序列，那么需要通过差分运算使其变为平稳序列，得到的平稳时间序列称为单整序列。若时间序列 Y，通过 d 次差分恰好变为平稳序列，那么序列被称为 d 阶单整时间序列，记作 $Y_t \sim I(d)$。ARIMA (p, d, q) 模型即为 d 阶单整时间序列的 ARMA (p, q) 模型。

（2）ARIMA 模型优势。

ARIMA 模型是一种运用非常广泛的预测方法，具有很多的优点：第一，该模型利用变量的历史值和现在值，对变量的将来值直接进行预测，而无须知道其他任何影响因素的数据；第二，在对变量的将来值进行预测时，不仅运用过去值和现在值对模型进行估计，同时运用误差项对模型进行修正，并对模型形式进行反复识别，有效地提高了模型的预测精度。ARIMA 模型作为线性模型的典型代表，对于剔除季节项、周期项等之后的趋势项的预测，具有极高的精度。

3.3　模型构建

根据上述模型构建的理论介绍和优势分析，构建多尺度组合模型的过程可以概述为以下几点。

（1）首先选用 EMD 多尺度分解法对商品价格序列进行分解。因为对非平稳非线性的商品价格序列，EMD 多尺度分解方法明显优于小波分解和傅里叶分解法，EMD 分解法操作简单直接，分解过程完全自适应的，相比傅里叶分解具有更好的时频表现力，相比小波分解具有更合理准确的分解结果，因此能更好地突出数据的局部特征并把握不同尺度上自序列的变化规律性，同时能更深刻地挖掘出原价格序列中隐含的内在规律，在做进一步分析时可以做到更深入更准确。因此，选用 EMD 多尺度分解法对商品价格序列进行分解，一般而言，价格序列可以分解为 n 个频率由高到低的 IMF 本征模分量和 1 个剩余分量 R。

（2）运用游程判定法对 EMD 分解得到的子序列进行重构。游程判定法能够很好地反映各分量的波动程度和波动规律，并且利用客观的重构标准客观地重构出合适的项数，这样既可以避免不进行重构直接预测而导致的预测工作量太大，又能够重构得更客观，还能在此基础上根据重构项的不同波动特征对其赋予一定的经济含义。根据不同商品价格序列的不同波动特征，利用游程判定法对有的商品价格序列可以重构成高频项、中频项、低频项和趋势项四个部分，但对有的商品价格序列可能只能重构成高频项、低频项和趋势项三个部分。这里在模型构建过程中考虑更一般的情况，即重构成四个部分。

（3）根据重构项不同的波动特征，分别选用人工神经网络（ANN）、支持向量机（SVM）和时间序列方法对这四部分进行预测。ANN 和 SVM 等机器学习方法针对波动频率较大的序列有各自的优势，都具有很好的学习能力且善于捕捉数据的非线性特征，特别是神经网络具有非常好的非线性逼近能力，适用于高频数据的拟合，SVM 则通过把训练集映射到高维特征空间进行线性回归并构造出最优学习器，适合中低频数据的预测，而 ARIMA 模型是线性模型，是根据历史规律推测未来发展，比较适合趋势项的预测。

（4）最后选用 SVM 模型进行集成。

上述多尺度组合模型构建的过程如图 3－1 所示。

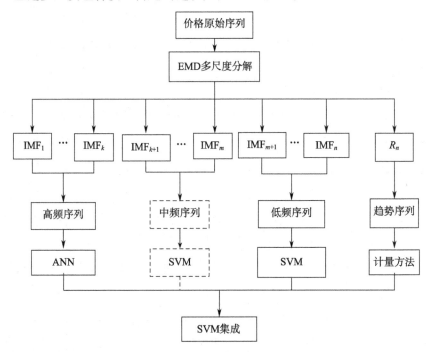

图 3－1　基于 EMD 分解的多尺度组合模型构建示意图

构建的多尺度组合模型具体步骤如下。

第一步：EMD 多尺度分解。

假设原价格序列为 $y(t)$（$t=1$，2，$\cdots$，N），首先利用 EMD 多尺度分解方法对原价格序列进行分解，一般可以分为数个 IMF 本征模分量和一个剩余分量 R，原价格序列等于这几个本征模分量和剩余分量之和。EMD 分解法采用自适应的"筛分"方式对具有不同频率的 IMF 本征模分量进行选取，具体的"筛分"步骤如下：

（1）找出原价格序列 $y(t)$ 的上下包络线，并计算平均包络线 $m_1(t)$。上包络线为利用三次样条函数对序列 $y(t)$ 所有极大值点的插值，下包络线为利用三次样条函数对序列 $y(t)$ 所有极小值点的插值，平均包络线是指上下包络线的均值。

（2）对原价格序列进行去低频处理，得到新序列 $C_1(t)$。具体做法是，将

原数据序列 $y(t)$ 减去平均包络线 $m_1(t)$，即

$$y(t) - m_1(t) = h_1(t) \qquad (3.1)$$

如果 $C_1(t)$ 是一个 IMF 本征模函数，那么 $C_1(t)$ 即为原价格序列的第一个本征模分量。

考察一个序列是否为 IMF 本征模函数，可以看它是否符合两个条件：第一，序列的极值数和过零点数相等或相差 1；第二，序列的上下包络线局部对称。

（3）如果 $C_1(t)$ 不是一个 IMF 本征模函数，则用 $h_1(t)$ 替换上面的原始数据 $y(t)$，不断重复上述处理过程，直到得到符合条件的新序列。为了简便，把第一个"筛分"出来的 IMF 本征模分量统记为 $C_1(t)$，可以看出，根据步骤（2）或步骤（3）得到的第一个本征模分量具有最高的频率。

（4）计算剔除已"筛分"本征模分量的剩余序列 $R_1(t)$。具体做法是，将原始数据序列 $y(t)$ 减去已选取的本征模分量 $C_1(t)$，$C_2(t)$，…，$C_i(t)$，即 $R_i(t) = y(t) - C_1(t) - \cdots - C_i(t)$。

（5）将得到的 $R_i(t)$ 不断替换原始数据 $y(t)$，并重复上述步骤（1）（2）（3），可以不断"筛分"出符合条件的 IMF 本征模分量，记为 $h_i(t)$ $C_i(t)$ $C_2(t)$。不断重复上述步骤，直到得到一个不能继续"筛分"的单调函数 $R_n(t)$，把它称为剩余分量。到此，整个"筛分"过程结束。

从上述"筛分"过程可以看到，原始的数据序列 $y(t)$ 最终可以认为是由 n 个 IMF 本征模分量和 1 个剩余分量求和而成，具体的表达式如下所示：

$$y(t) = \sum_{j=1}^{n} C_j(t) + R_n(t) \qquad (3.2)$$

式（3.2）中，$C_1(t)$，$C_2(t)$，…，$C_n(t)$ 表示的是筛分出来的 n 个 IMF 本征模分量，并且其频率是从高到低分布；而 $R_n(t)$ 表示的是剩余分量，代表了整个价格序列的长期走势。

第二步：游程判定法重构。

对于 EMD 多尺度分解出来的 n 个 IMF 本征模分量和 1 个剩余分量，如果不做任何处理直接做预测，由于项数较多，预测工作量会很大而且累计误差也会加大。所以考虑根据其不同的尺度和频率特征，先做进一步的重构处理。

根据 EMD 分解原理，剩余分量 $R_n(t)$ 就代表着整个序列的长期走势，因此考虑首先把 $R_n(t)$ 单独归为一项，也就是趋势项。那如何对其他 n 个 IMF 本征模分量进行重构呢？提出这样一个新的重构思路：

对于分解出来的 n 个 IMF 分量 $C_1(t)$，$C_2(t)$，…，$C_n(t)$，首先利用游程判定法分别计算每个分量的游程数。设某 IMF 分量所对应的时间序列为 $\{C_i(t)\}$ 的均值为 $\bar{C}_i$，比 $\bar{C}_i$ 小的观察值记为 "0"，比 $\bar{C}_i$ 大的观察值记为 "1"，这样就可以得到一个 $\{0，1\}$ 序列，针对这个新得到的 $\{0，1\}$ 序列，每段连续相同的标记符号可以称为一个游程，即连续数个 0 算一个游程，连续数个 1 也算一个游程，最后可以得到整个时间序列的总游程数。不难看出，如果一个时间序列的游程数越大，就说明该数据序列的波动越剧烈；反之，如果一个时间序列的游程数越小，相应地说明该数据序列波动越平缓。游程数的大小反映了一个数据序列的波动程度。而且，任何一个 IMF 本征模分量 $C_i(t)$ 的游程数不会超过时间序列的样本总数 N。

计算完每个 IMF 分量 $C_i(t)$ 的游程数之后，利用本章提出的游程判定法的客观重构标准，首先把可能出现的最大游程数即时间序列样本总数 N，划分为 n 个区间。这里，n 是 EMD 分解后得到的分量个数，代表着可能出现的最多的区间数和可能重构项的最大项数，采用等分区间法，因为操作起来简单而且较为合理。这样，每个分解出来的分量序列的实际游程数会落在其中某一个区间，游程数落在同一个区间的分量的波动特征会比较相近。然后，把落在同一区间的分量序列叠加起来重构为一项，这样通过游程判定法就可以根据各分量客观地落在不同的区间重构出比较合适的项数，最后可以把波动特征类似的叠加合并得到若干重构项。

落在游程数范围较大区间的首先是高频项，其次是中频项，再次是低频项。这样，就可以利用游程判定法把分解后 n 个 IMF 分量 $C_i(t)$ 重构为高频项 $y_1(t)$、中频项 $y_2(t)$、低频项 $y_3(t)$；而剩余分量 $R_n(t)$ 为重构长期趋势项，记为 $y_4(t)$。

第三步：选用不同的预测方法对不同重构项进行预测。

根据上述游程判定法可以重构得到高频项$y_1(t)$、中频项$y_2(t)$、低频项$y_3(t)$和长期趋势项$y_4(t)$，然后根据这四项的不同尺度和波动特征以及前文介绍的 ANN、SVM 和 ARIMA 方法对于预测不同数据序列的不同优势，最终选用 ANN 方法对高频项$y_1(t)$进行预测，选用 SVM 方法对中频项$y_2(t)$和低频项$y_3(t)$进行预测，选用 ARIMA 模型对长期趋势项$y_4(t)$进行预测。

（1）利用 Elman 方法对高频项$y_1(t)$进行预测。通过一些文献和我们的研究工作发现，神经网络中的 Elman 神经网络方法对高频数据的预测效果较佳。因此，这里利用 Elman 方法对高频项$y_1(t)$进行预测。Elman 神经网络是一种非线性状态空间，其表达式为：

$$y(t) = g(\omega^3 x(t)) \tag{3.3}$$

$$x(t) = f(\omega^1 x_c(t) + \omega^2(u(t-1))) \tag{3.4}$$

$$x_c(t) = x(t-1) \tag{3.5}$$

其中，u表示r维输入矩阵；y表示n维输出矩阵；x表示n维隐含层输出矩阵；x_c表示n维反馈状态矩阵；ω^3表示中间层和输出层的连接权值；ω^1表示承接层和中间层的连接权值；$g(*)$表示神经元的传递函数，是中间层输出的线性组合；$f(*)$表示中间层神经元的传递函数，常用的是 sigmoid 函数。

Elman 神经网络采用误差平方和函数对目标输出矩阵进行估计，误差平方和函数的定义式如下：

$$E(t) = \sum_{i=1}^{n}(y_i(t) - \widehat{y_i}(t))^2 \tag{3.6}$$

因此，把高频项$y_1(t)$代入上述 Elman 方法的状态空间表达式，可以最后得到高频项的预测值记为$\widehat{y_1}(t)$。

（2）利用 SVM 方法对中频项$y_2(t)$和低频项$y_3(t)$进行预测。SVM 模型用于预测的具体操作步骤是：首先通过一个非线性映射ϕ，把给定的序列训练集$T = \{y(t), \widehat{y}(t)\}_{t=1}^{n}$（其中$y(t)$为输入矩阵，$\widehat{y}(t)$为输出矩阵，$n$为总样本数）的输入矩阵$y(t)$映射到高位特征空间，并通过对数据在高位特征空间进行线性回归，构造出最优的学习器，其表达式如下：

$$\hat{y}(t) = \omega^T \phi(y(t)) + b \qquad (3.7)$$

根据结构风险最小化原则而不是经验风险最小化原则，对式（3.7）中的参数 ω 和 b 进行估计。通过计算，可以得到最终的预测结果如下式所示：

$$\hat{y}(T) = \sum_{t=1}^{n} (\alpha_i * - \alpha_i) \, k(y(t), y(q)) + b \qquad (3.8)$$

式（3.8）中，$k(y(t), y(q)) = (\phi(y(t)), \phi(y(q)))$ 称为核函数。一般来说，SVM 的核函数种类比较多，只要满足了 Mercer 条件的函数都可以用来做核函数，有 RBF 核函数、线性核函数、多项式核函数和 Sigmoid 核函数等。根据不同的情况，可以选择不同的核函数，这里选用最常用的 RBF 核函数。

因此，把中频项 $y_2(t)$ 和低频项 $y_3(t)$ 的数据代入上述 SVM 原理的具体执行步骤，可以分别得到的中频项和低频项的预测值 $\hat{y}_2(t)$ 和 $\hat{y}_3(t)$。

（3）利用 ARIMA 模型对长期趋势项 $y_4(t)$ 进行预测。ARIMA 模型在对非平稳时间序列进行预测时，首先对序列进行差分处理，得到平稳序列，并进一步对平稳序列做出预测。因此，对于长期趋势项 $y_4(t)$，首先对数据序列做平稳化处理，对处理后的平稳序列，利用 ARIMA 模型对其进行拟合，根据 AIC、SC 信息准则对模型的滞后阶数做出选择，并估计出模型的未知参数。利用 ARIMA 模型对长期趋势项 $y_4(t)$ 进行预测，记其预测值为 $\hat{y}_4(t)$。

第四步：利用 SVM 集成方法对各分项预测结果集成。

SVM 集成是一种非线性的集成方法，有利于捕捉各项之间的非线性映射关系。SVM 集成的主要操作方法是：首先针对训练样本，把所有时刻各重构项的预测价格作为输入，同时将对应的同一时刻各重构项的实际价格作为输出，这样经过足够多样本的训练，就能够建立起各重构项的预测价格和实际价格之间相对稳定的映射关系，并训练得到各重构项的预测价格和实际价格之间相对应的模型。把各重构项的预测值作为输入变量输入训练好的模型，可以得到相应的输出值，输出值即为我们需要得到的最终预测值。

利用 SVM 集成方法对高频预测结果 $\hat{y}_1(t)$、中频预测结果 $\hat{y}_2(t)$、低频预测结果 $\hat{y}_3(t)$ 以及长期趋势项预测结果 $\hat{y}_4(t)$ 进行集成即可得到最终预测值 $\hat{y}(t)$。

最终，构建的多尺度组合模型表达式为：

$$\hat{y}(t) = \text{SVM}\ (\hat{y_1}(t),\ \hat{y_2}(t),\ \hat{y_3}(t),\ \hat{y_4}(t)) \tag{3.9}$$

3.4　模型特点分析

本章构建的多尺度组合模型，有以下主要特点。

（1）对价格序列进行分解时，采用的是 EMD 多尺度分解法。该方法可以根据数据信号的不同尺度特征，将序列分解成相互不包含的频率从高到低的数个本征模分量和一个趋势成分。这样能够从不同尺度把握数据序列的特征，挖掘出数据隐含的内在规律。

（2）引入游程判定法对 EMD 分解后的子序列进行重构。模型对 EMD 分解后的各子序列不进行直接预测，而是提出利用游程判定法进行重构的新思路，相比不重构直接进行预测，能够极大减少后续预测的工作量和预测的复杂程度。同时，利用游程判定法提出的客观重构的新标准，能够在充分反映各子序列的波动特征的基础上客观地重构出合适的项数，并在此基础上赋予各重构项经济含义。

（3）根据重构项特点，分别采用不同的方法进行预测。根据重构后的四部分数据的不同波动特征，分别选用 ANN、SVM 和计量方法进行预测，能够综合利用这些不同预测方法对于不同波动特点数据预测的优势，充分发挥了不同预测方法的协同作用，有助于提高预测精度。

（4）采用非线性 SVM 集成方法对预测序列进行集成。模型在对各预测结果进行集成时，不是采用简单的线性相加，而是运用非线性 SVM 集成方法，该方法能够有效捕捉到各变量之间的非线性映射关系，提高预测精度。

第4章　原油价格波动及预测分析

4.1　引言

原油作为最重要的一种战略能源和化工原料，对一个国家的能源安全、经济发展以及相关企业的存亡甚至整个世界的发展和稳定都有着至关重要的影响。随着中国经济的持续高速增长，中国逐渐成为世界工厂，对原油的依存度也越来越高。原油的战略性地位和越来越高的对外依存度导致原油价格的变化对我国各方面的影响也越来越显著。如果能够有效分析出原油价格的波动特征并正确预测出未来的油价趋势，对国家和企业的发展都有重大意义。

但是，原油价格的形成和波动非常复杂，近几十年来原油价格骤升骤降，变化无常。这是因为原油价格的变化受到了诸多因素的影响。除了像一般商品一样，油价会受到原油需求和供给的影响外，还会受到包括国家政策、重大突发事件、季节因素、周期性循环因素、投机因素、心理预期等很多其他因素的影响，每个因素的微小变动都有可能导致油价大幅度的变动。这些都加大了深入分析出油价的波动规律特别是正确有效地把握油价未来走势的难度。因此，找到合适的预测方法去准确预测未来的油价难度很大且极富挑战，但意义重大且深远。

因此，首先选取原油作为能源类大宗商品的代表，利用第 3 章构建的多尺度组合模型来预测原油价格。基于同样的数据集，还会利用其他经典方法包括 ARIMA、Elman、SVM 等单模型，利用吴虹等（2010）提出的 ARIMA - SVM 组合模型进行预测。另外，还会构建一个不进行重构的 EMD - SVM -

SVM 多尺度组合模型进行对比预测以验证第 3 章重构方法的优越性。EMD -
SVM - SVM 组合模型主要是利用 EMD 分解后，对各分量序列直接进行预测而
不进行重构，同样利用 SVM 进行集成。最后，将本篇构建的多尺度组合模型
的预测结果和经典单模型、ARIMA - SVM 组合模型以及 EMD - SVM - SVM 多
尺度组合模型的预测结果进行对比分析。

4.2　油价实验数据及评价标准

选取美国西德克萨斯轻质原油（WTI）的现货价格作为研究对象，数据
样本从 1986 年 1 月到 2012 年 12 月总共 324 个数据，油价单位：美元/桶。其
中，选取 1986 年 1 月至 2010 年 12 月这 25 年的数据作为样本训练集，共 300
个数据点；选取 2011 年 1 月至 2012 年 12 月这两年的数据作为样本测试集，
共 24 个数据点。油价数据均来源于美国能源情报署官网（http：//
www. eia. doe. gov）。

Hansen 和 Lunde 的相关研究表明，如果只按照传统的基于单一样本的单
一判定指标，如只采用常用的平均平方误差 MSE 或平均绝对误差 MAE，若样
本数据集中出现了若干奇异点，就会严重影响到这个单一判定指标的计算结
果，进而极可能出现这个单一的判定指标对模型优劣的误判，而单一的样本
数据集中出现若干奇异点的概率非常高，尤其量纲较小但波动剧烈的数据更
容易出现。因此，为降低指标误判的概率，决定采用不同的评价指标作为模
型预测效果优劣的评价标准，以期得到最合适的评价。本章采用正则均方误
差（NMSE）、平均绝对百分比误差（MAPE）和方向对称值（DS）共三个指
标来综合判定模型的优劣。其中，前两个指标即 NMSE 和 MAPE 是用来评判
模型的预测误差大小，也就是判定模型的预测精度；第三个指标 DS 是用来评
判预测模型各个模型对价格方向走势的把握能力。这三个指标的计算表达式
如下所示：

$$NMSE = \frac{1}{n\delta^2}\sum_{t=1}^{n}(y(t) - \hat{y}(t))^2, \text{ 其中, } \delta^2 = \frac{1}{n-1}\sum_{t=1}^{n}(y(t) - \overline{y(t)})^2 \quad (4.1)$$

$$MAPE = \frac{1}{n}\sum_{t=1}^{n}\left|\frac{y(t) - \hat{y}(t)}{y(t)}\right| \quad (4.2)$$

$$DS = \frac{1}{n}\sum_{i=1}^{n} d_i, \ d_i = \begin{cases} 1 & 当 \ (y(t)-y(t-1)) \ (\widehat{y}(t)-y(t-1)) \geqslant 0 \ 时 \\ 0 & 当 \ (y(t)-y(t-1)) \ (\widehat{y}(t)-y(t-1)) \leqslant 0 \ 时 \end{cases}$$

$$(4.3)$$

其中，$y(t)$ 为 t 时刻实际的油价，$\widehat{y}(t)$ 为 t 时刻油价的预测值，n 为总的预测值个数。

对于一个预测方法的优劣，要综合看三个指标的预测结果。具体来看，正则均方误差 NMSE 和平均绝对百分比误差 MAPE 这两个指标的值越小，说明误差越小，模型预测精度越高，反之模型预测精度越低；而方向对称值 DS 越大，说明对价格的方向走势把握越准确，预测效果越好。

本章使用的分析软件主要包括 MATLAB、EVIEWS 和 EXCEL。其中 SVM 建模主要是利用我国台湾 Lin 等设计的 LIBSVMS，EMD 和 Elman 的操作都是在 MATLAB 中编码完成，ARIMA 建模是在 EVIEWS 中完成的。

4.3　油价序列分解与重构

首先需要对整个样本数据集也就是 1986 年 1 月到 2012 年 12 月 WTI 原油价格序列总共 324 个数据进行分解和重构。

先利用 EMD 经验模态分解法对 WTI 的现货价格序列进行多尺度分解，EMD 分解法直接和自适应地分解出了最优的 7 个 IMF 本征模分量和 1 个剩余分量 R，分解结果如图 4-1 所示。

从图 4-1 中可以看到，IMF1，…，IMF7 是频率从高到低的 7 个本征模分量，IMF1 波动最剧烈，IMF7 波动相对最平缓，R 是剩余分量。

根据 EMD 分解原理可知，剩余分量 R 就是代表了原价格序列的长期走势，因此首先可以把 R 单独归为一项，也即趋势项。然后利用游程判定法对 IMF1 到 IMF7 这 7 个本征模分量进行重构。分别计算 IMF1 到 IMF7 的游程数，可以得到如表 4-1 所示的这 7 个 IMF 分量的游程数结果。

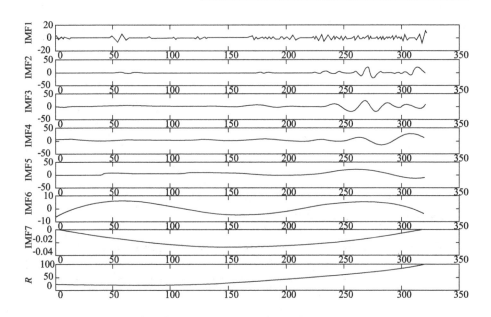

图 4 - 1　油价 EMD 分解结果

表 4 - 1　各分量游程数

IMF 分量	IMF1	IMF2	IMF3	IMF4	IMF5	IMF6	IMF7	R
游程数	189	74	33	13	8	5	3	2

　　油价选取的样本总数为 324 个，也就是可能出现的最大游程数是 324；而分解出来的是 7 个 IMF 分量，也就是可能出现的最大区间数和最多重构项为 7。因此，把 [1，324] 等分为 7 个区间，这 7 个区间的范围分别为 [1，46]，[47，92]，[93，138]，[139，184]，[185，230]，[231，276]，[277，322] 共 7 个区间。根据计算出来的每个分量实际的游程数可以看到，IMF1 落在第 5 区间，IMF2 落在第 2 区间，IMF3，IMF4，IMF5，IMF6 和 IMF7 落在第 1 区间。因此，根据游程判定法把 IMF1 到 IMF7 这 7 个分量重构为高频、中频和低频三个序列，其中，IMF1 为高频序列，IMF2 为中频序列，IMF3，IMF4，IMF5，IMF6 和 IMF7 叠加为低频序列。

　　根据游程判定法重构后的高频项、中频项、低频项和长期趋势项这四个序列与原油价格序列的走势图如图 4 - 2 所示。

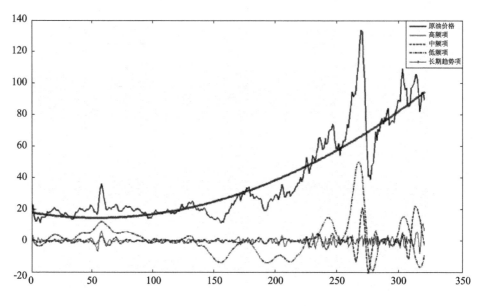

图 4 - 2　原油价格序列和四个重构项的走势

4.4　油价重构序列波动特点分析

由于重构后的高频项、中频项、低频项和长期趋势项这四个序列的频率和振幅都是变化的，所以可以通过计算这四个序列的周期和方差贡献率来观察这四个序列的特点。这里，周期是利用每个子序列的总数据个数除以这个子序列的所有极值点个数，反映了该序列的波动频率；方差贡献率则是通过计算每个子序列的方差在原数据总体方差的占比，用公式表示是 $A_i = \xi_i / \xi$，ξ_i 为第 i 个子序列的方差，ξ 为原数据序列的方差。这四个重构项的周期和方差贡献率的统计结果如表 4 - 2 所示。

表 4 - 2　各分项周期和方差贡献率

分项	高频项	中频项	低频项	长期趋势项
周期（月）	1.78	4.24	12.88	324
方差贡献率（%）	0.53	2.51	14.41	71.53

结合图 4 - 2 中各项的走势及表 4 - 2 中各项的周期和方差贡献率，综合分析这四个重构项的波动特点可以发现，高频项、中频项、低频项和长期趋

势项这四个序列都有各自明显不同的特征。在此,借鉴 Xun Zhang 等 (2008) 的工作,认为长期趋势项、低频项、中频项和高频项分别代表着油价与世界经济发展同步的长期走势、季节因素的影响、重大事件的影响以及不规则因素造成的市场波动。做进一步分析如下。

对于长期趋势项,其对原油价格的方差贡献率达到 71.53%,周期长达 324 个月。从长期趋势项远远高于其他重构项的方差贡献率可以看到,长期趋势项对原油价格的影响最大,是其最重要的组成部分,主导着油价长期的总体走势。从长期趋势项高达 324 的周期可以看到,长期趋势项总体看来是呈平稳上升状态,其上升走势是由全球经济的发展水平决定的,油价与世界经济同步上升。另外,不管油价受到什么因素的影响而波动,或剧烈或平缓,都会在一定范围内在长期趋势项的附近上下波动,而且随着诸因素的影响逐渐减缓或消失,油价就会回到长期趋势价格线上。因此,可以认为,长期趋势项反映了在不受其他因素的影响下的长期油价的正常走势。

对于低频项,其方差贡献率达到 14.41%,周期约为 13 个月,也是原油价格的关键组成部分,波动相对平缓。从图 4 − 2 中可以看出,低频序列的波动形态与原油价格序列基本类似,特别是低频序列的每一个剧烈上涨点或下跌点都能对应着当时发生的严重影响油价的重大事件。例如,1990 ~ 1991 年 (图 4 − 2 中 58 点) 油价出现上涨,是受海湾战争的影响;而 2008 年 (图 4 − 2 中 270 点) 原油价格出现暴涨暴跌、急速波动,主要就是受美国次债危机的影响。这些一一对应的剧烈波动点和重大事件发生时点的高度吻合,在很大程度上可以说明,低频项主要反映了油价受到重大事件影响而出现的剧烈波动,体现了油价在中短期中的波动特征和态势。因此,可以认为,低频项代表了重大事件发生对油价在中短期中的影响,而将低频项单独分离出来对后面整体油价的预测有重要帮助。

对于中频项,其方差贡献率为 2.51%,周期大约为 4 个月,波动频率较大。从图 4 − 2 中可以看到,中频项主要是呈正弦波和余弦波的形态,而且周期大约是一个季节。一般地,经济时间序列比较容易受季节因素影响,我们运用 X − 12 − ARIMA 季节调整方法对油价进行分析,发现原油价格受季节因素影响比较显著。结合中频项的波动形态和周期特征以及借鉴前人的分析工作，可以认为，中频项主要反映了季节因素的影响。季节因素主要是从供给和需求两方面影响油价，同时期货投机者的炒作会加深其影响。另外，中频序列在一些特殊时点的波动幅度略大，这主要是因为重大事件的影响除了主要反映在分离出来的低频项外，仍然对中频项有一定影响，但是明显比代表重大事件影响的低频项要小很多。例如，2008 年（图 4 - 2 中 270 点）的美国次债危机以及 2011 年（图 4 - 2 中 303 点）的欧债危机对中频序列波动都有影响。但总的来说，中频项可以反映季节因素对油价的影响。

对于高频项，其方差贡献率仅为 0.53%，周期是 1 ~ 2 个月，波动非常剧烈。从仅有 0.53% 的方差贡献率可以看到总体上高频序列对原油价格的影响相对较小，但是我们也不能忽视在长期中高频项的累计作用。而且随着原油市场金融化的全球化，投机等许多因素对油价的影响在日益加剧，逐渐加大了高频项对油价的短期影响。高频项波动剧烈，规律性不明显，而且高频项的影响因素众多，我们认为，高频项代表了心理因素、投机炒作等不规则因素对油价的影响。

4.5 油价预测与对比分析

选取 1986 年 1 月到 2010 年 12 月这 25 年的油价数据作为训练集，共 300 个数据点，首先对构建的多尺度组合预测模型进行训练。

根据多尺度组合模型的构建步骤，对于重构后的四项分别选用 ANN 方法预测高频项，选用 SVM 方法预测中频项和低频项，选用 ARIMA 方法预测长期趋势项。各重构项的预测方法和最后的集成方法的具体选取结果如下。

（1）选用 Elman 对油价高频序列 $y_1(t)$ 进行预测。首先对高频数据做处理，即归一化到 [0, 1] 区间；然后确定所用 Elman 神经网络的输入层节点数为 3，输出层节点数为 1，隐含层的神经元节点数参照公式 $m = \sqrt{n + 1} + a$ 来确定选择范围，其中 m 为所寻求的隐含层神经元节点数，n 为输入层神经元节点数，这里是 3；1 为输出层神经元节点数，a 是 1 ~ 10 之间的整数，这样就可以得到隐含层神经元节点数的范围为 [3，12]。经过多次尝试和比较，最终选取预测高频项的最合适的隐含层神经元节点数为 10。

（2）利用 SVM 对油价中频序列 $y_2(t)$ 进行预测。首先同样需要将中频数据归一化到 $[0, 1]$ 区间；SVM 的核函数这里选用应用最广的 RBF 核函数，并采用交叉验证法寻到最优的参数 $c = 3$，$\gamma = 0.5$，$\varepsilon = 0.05$，然后训练好用于预测油价中频项的 SVM 模型。

（3）利用 SVM 对油价低频序列 $y_3(t)$ 进行预测。先将低频数据做归一化预处理，然后同样核函数选用 RBF 核函数，并采用交叉验证法寻到最优的参数 $c = 5$，$\gamma = 1$，$\varepsilon = 0.05$。

（4）利用 ARIMA 模型对油价长期趋势项 $y_4(t)$ 进行预测。首先对长期趋势项数据序列进行对数化和平稳化处理，作一阶差分处理，经过反复尝试选取最优的 ARIMA 模型即 ARIMA（3，1，3）模型对长期趋势项进行预测。

（5）最后，利用 SVM 集成方法对高频项、低频项和长期趋势项的预测结果进行集成。具体操作是将训练样本中这四个油价重构项的所有预测价格作为输入，将实际价格作为输出，经过学习和训练，就可以得到四个重构项的预测价格和实际价格之间的对应关系。其中 SVM 集成过程中利用交叉验证法寻得的最优参数为 $c = 2$，$\gamma = 4$，$\varepsilon = 0.05$。

为了进一步验证多尺度组合模型在样本外的预测效果，在此选取 2011 年 1 月到 2012 年 12 月这两年的 WTI 油价数据作为测试集，共 24 个数据，对多尺度组合模型进行测试，各分项预测误差和集成预测误差如表 4 - 3 所示。

表 4 - 3　各分项的预测误差和集成预测误差

评价指标	高频项	中频项	低频项	长期趋势项	集成预测
NMSE	0.783	0.138	0.006	$2.758E - 06$	0.756
MAPE	1.12	0.524	0.063	$4.11E - 05$	0.0534
DS（%）	77.27	86.36	95.45	100	55

从表 4 - 3 可以看出，ARIMA 模型对于长期趋势项的预测非常准确，正则均方误差和平均绝对百分比误差都很小，方向对称值更是高达 100%；中频项和低频项预测效果也比较不错，正则均方误差和平均绝对百分比误差相对较小，对这两项的方向走势的把握也分别在 86% 和 95% 以上；高频项的预测效果略差，主要是因为高频项波动剧烈且毫无规律，且出现了一些奇异点影响了评价指标对预测效果的评价。最后的集成预测的效果（即多尺度组合模型

预测的效果）总体来看比较理想。

为了进一步比较我们所提出的多尺度组合模型的优劣，基于同样的数据集，即以 1986 年 1 月至 2010 年 12 月的油价数据作为训练集，以 2011 年 1 月至 2012 年 12 月的油价数据作为测试集，利用 ARIMA、Elman 和 SVM 等单模型方法，以及 ARIMA - SVM 组合模型进行预测，并构建了一个不进行重构的 EMD - SVM - SVM 多尺度组合模型进行预测。然后，将各个模型的预测结果做短期（预测一年）和长期（预测两年）的预测效果对比分析。表 4 - 4 和表 4 - 5 分别给出了短期预测和长期预测的效果比较。

表 4 - 4   油价短期预测效果比较：预测一年（2011 年 1 ~ 12 月）

指标	本篇模型	ARIMA	Elman	SVM	GARCH	GM(1, 1)	ARIMA - SVM	EMD - SVM - SVM
NMSE	0.69	1.25	1.274	1.24	3.34	7.67	1.22	1.17
MAPE	0.04	0.072	0.073	0.07	0.11	0.20	0.07	0.075
DS（%）	50	58.3	41.7	41.7	50	41.7	58.3	41.7

表 4 - 5   油价长期预测效果比较：预测两年（2011 年 1 月 ~ 2012 年 12 月）

指标	本篇模型	ARIMA	Elman	SVM	GARCH	GM(1, 1)	ARIMA - SVM	EMD - SVM - SVM
NMSE	0.756	1.325	1.185	1.55	6.97	6.54	1.30	1.26
MAPE	0.053	0.073	0.067	0.08	0.17	0.17	0.07	0.07
DS（%）	55	59	45.5	45.5	45.5	45.5	59	50

从表 4 - 4 和表 4 - 5 可以看出，在短期和长期预测中，从三个评价指标可以看到，本篇构建的多尺度组合模型的预测效果都要明显优于 ARIMA、Elman 和 SVM 等单模型方法和 ARIMA - SVM 组合模型方法，同时也优于不进行重构的 EMD - SVM - SVM 多尺度组合模型。具体来看，在短期中，本篇构建的多尺度组合模型的正则均方误差（NMSE）和平均绝对百分比误差（MAPE）仅为 0.69 和 0.04，而其他对比模型相应的最优值分别高达 1.17 和 0.07，本篇多尺度组合模型预测精度优势明显；从方向对称值（DS）这个指标来看，本篇构建的多尺度组合模型的预测效果虽然比 ARIMA 模型和 ARIMA - SVM 组合模型略差，但要好于 Elman 和 SVM 等其他模型，在长期中情况类似。总的来说，本篇构建的多尺度组合模型的预测效果更好，更适合国际油价的预测。

第 5 章　铜价波动及预测分析

5.1　引言

在各种有色金属产品中，铜是与人类关系最为密切的金属原材料之一，被广泛地应用于电力、电子、建筑、汽车和机械等众多领域，对一国经济的发展起着至关重要的作用。对于中国来说，铜是一种重要的原材料资源，在国民经济中占据着战略地位。在中国，大约划分了 100 多个行业，在这众多行业中有高达 91% 的行业需要用到铜资源。因此，正确把握铜价的正确走势对国民经济的发展有重大意义。

近年来铜价的波动也变得剧烈且频繁，这是因为影响铜价的因素众多且复杂多变。除了跟一般商品一样，铜价会受供求关系的影响，还会受到周期性循环、国内外经济形势、国家相关政策、其他相关商品价格的波动、投机因素、心理因素等众多因素的影响。这些因素以供求为主线，综合决定了期铜的价格和波动幅度。在这些因素的共同作用下，铜价呈现出了长记忆性、周期性、季节性和随机性等各种复杂的特征。这些复杂的特征加大了铜价预测的难度。

目前，世界上关于铜有三个比较有影响力的铜期货交易场所，分别是伦敦金属交易所（LME），纽约商品交易所（NYMEX）和中国上海期货交易所（SHFE）。其中伦敦金属交易所（LME）是这三大交易场所中交易量最大的，其期铜价格和库存不仅对铜价影响很大，甚至对其他有色金属也有非常重要的影响，其报价在铜行业内具有最权威的地位。

因此，选取铜作为基础原材料类大宗商品的代表，选取在期铜定价中最具影响力的 LME 期铜价格作为研究对象，利用第 3 章构建的多尺度组合模型来预测铜价。同时，把第 3 章构建的多尺度组合模型的预测效果跟其他经典方法包括 ARIMA、Elman、SVM 等单模型，ARIMA - SVM 组合模型以及不进行重构的 EMD - SVM - SVM 多尺度组合模型的预测效果进行比较。

5.2 铜价序列分解与重构

选取 2000 年 1 月至 2012 年 12 月共 13 年的 LME 期铜价格的月度数据进行研究，共 156 个数据。利用 2000 年 1 月至 2010 年 12 月共 11 年的数据作为训练集，共 132 个数据；利用 2011 年 1 月至 2012 年 12 月两年的数据作为测试集，共 24 个数据。选取的 LME 期铜数据均来源于伦敦金属交易所网站。

首先需要对整个样本数据集也就是对 2000 年 1 月至 2012 年 12 月的伦敦金属交易所（LME）期铜价格的月度数据共 156 个数据进行分解和重构。

先利用 EMD 经验模态分解方法对 LME 期铜价格序列进行多尺度分解，EMD 分解法可以直接自主地分解出最优的项数，即将铜价分解成 6 个 IMF 本征模分量和 1 个剩余分量 R，分解结果如图 5 - 1 所示。

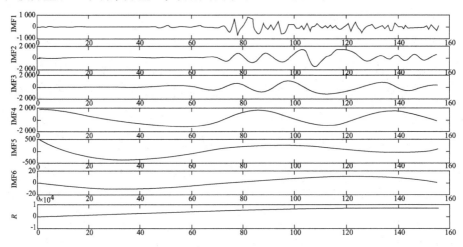

图 5 - 1   LME 期铜价格 EMD 分解结果

从图 5 - 1 可以看到，IMF1 到 IMF6 是频率从高到低的 6 个本征模函数分量，其中，IMF1 频率最高、波动最剧烈，IMF6 则频率最低、波动最平缓，R 是分解出来的剩余分量。

　　根据 EMD 分解原理，分解出来的剩余分量 R 就是代表了铜价序列的趋势，因此把 R 单独归为长期趋势项。进一步利用游程判定法对 IMF1，…，IMF6 这 6 个本征模分量进行重构。分别计算 IMF1 到 IMF6 这 6 个分量的游程数，可以得到这 6 个分量游程数的结果，如表 5－1 所示。

表 5－1　各分量游程数

IMF 分量	IMF1	IMF2	IMF3	IMF4	IMF5	IMF6
游程数	93	25	13	6	5	3

　　由于选取铜价的样本总数是 156 个，也就是这里可能出现的最大游程数是 156；而分解出来的本征模分量是 6 个，也就是可能出现的最大区间数和最多重构项为 6。利用游程判定法的客观重构标准，首先把［1，156］等分为 6 个区间，这 6 个区间的范围分别为［1，26］，［27，52］，［53，78］，［79，104］，［105，130］，［131，156］。根据计算得到的每个分量实际的游程数可以看到，IMF1 落在第 4 区间［79，104］内，IMF2，IMF3，IMF4，IMF5 和 IMF6 均落在第 1 区间［1，26］内。因此，根据游程判定法把 IMF1 归为高频项，把 IMF2，IMF3，IMF4，IMF5 和 IMF6 叠加后归为低频项。

　　根据游程判定法重构得到的高频项、低频项和长期趋势项这三个序列与 LME 期铜价格序列的走势如图 5－2 所示。

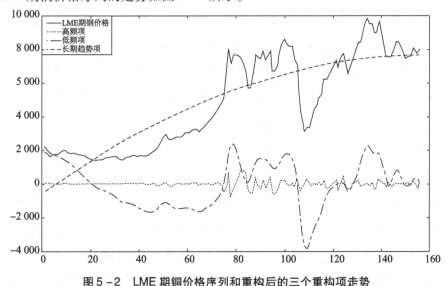

图 5－2　LME 期铜价格序列和重构后的三个重构项走势

5.3 铜价重构序列波动特点分析

由于重构后的高频项、低频项和长期趋势项这三个序列的频率和振幅都是不同的，所以可通过计算这三个序列的周期和方差贡献率来观察这三个序列的特点。高频项、低频项和趋势项这三个重构项的周期和方差贡献率的统计结果如表 5 – 2 所示。

表 5 – 2 各分项周期和方差贡献率

分项	高频项	低频项	长期趋势项
周期（月）	1.7	7.8	156
方差贡献率（%）	0.66	24.61	75.8

从图 5 – 2 和表 5 – 2 可以综合看出，高频项、低频项和长期趋势项这三个序列都有各自明显的特征。分析如下。

对于长期趋势项，其在所有重构分量中占最重要地位，方差贡献率达到75.8%，周期达到了全样本的长度，即 156 个月，波动平稳。从高达 75.8% 的方差贡献率可以看到，长期趋势项主导着铜价的总体走势，而且是一种长期的影响。长期趋势项的上升走势是由全球经济的发展水平决定的，也就是说全球经济的快速上升的同时，铜价也呈平稳上升态势。无论受到什么因素的影响而导致铜价发生或剧烈或微小的波动，铜价只是在一定波动范围内围绕着长期趋势项上下波动，而且随着这些因素的影响逐渐消失或减缓，铜价最终一定会回到长期趋势价格上。因此，可以认为，长期趋势项代表了在不受其他因素影响下国际铜价的长期走势。

对于低频项，其方差贡献率为 24.61%，波动周期为 7.8 个月，也是铜价的重要组成部分，波动相对频繁一些。从图 5 – 2 可以看到，低频序列的形态和铜价原序列基本一致，特别是低频序列的每一个剧烈波动点（大幅上涨或大幅下跌）都对应着当时发生的影响铜价的重大事件。例如，2006 年（图 5 – 2 中的 80 点），由于主要产铜国的罢工和停产检修引发了铜价疯狂上涨；2008年（图5 – 2中的107点附近），美国次债危机极大地打击了市场信心并迅速波及实体经济领域，在宏观经济陷入衰退的背景下，全球铜价崩溃性下跌，在短短几个月完成了牛熊转换，并且随着美国次贷危机进一步升级为席卷全球的金融危机，2009 年铜价也依然处于低价；2011 年（图 5 - 2 中的 140 点附近），由于受到欧债危机的影响，全球铜消费减少，全球经济的不明朗限制了铜价上行。可以认为，低频项代表了重大事件对铜价在中短期内的影响，将低频项分离出来对整体铜价的预测有重要作用。

对于高频项，其方差贡献率为 0.66%，波动周期约为 1.7 个月，波动周期短且频繁。从仅为 0.66% 的方差贡献率可以看出，高频部分总体来说对铜价的影响较小，但从长期看来，影响因素越来越多且越来越复杂，其综合累计影响在不断加剧，不容忽视。从图 5 - 2 可以看到，高频部分波动剧烈且规律性不明显，可以认为，高频项代表了一些投机因素、心理因素等不规则因素对铜价的影响。

5.4 铜价预测与对比分析

选取 2000 年 1 月至 2010 年 12 月共 11 年的伦敦金属交易所（LME）期铜价格的月度数据作为训练集，共 132 个数据，对多尺度组合预测模型进行训练。

根据多尺度组合模型的构建步骤，对于重构后的高频项和低频项分别选用 ANN 方法和 SVM 方法进行预测；选用 ARIMA 模型对长期趋势项进行预测；最后，利用支持向量集成法对各重构项的预测结果进行集成，得到最终的预测值。各分项的预测方法和最后的集成方法选取结果如下。

（1）利用 Elman 神经网络对铜价高频序列 $y_1(t)$ 进行预测。首先将高频数据做归一化处理，统一归一化到 [0，1] 区间，然后确定 Elman 神经网络的输入层节点数为 3，输出层节点数为 1，隐含层神经元节点数经过多次选择最终确定为 8。

（2）利用 SVM 方法对铜价低频序列 $y_3(t)$ 进行预测。同样地，先将低频数据归一化到 [0，1] 区间，然后选用最常用的 RBF 核函数作为本次 SVM 模型预测的核函数，并通过交叉验证法寻到最优参数 $c = 6$，$\gamma = 3$，$\varepsilon = 0.05$，做好 SVM 预测模型训练。

(3) 利用 ARIMA 模型对铜价长期趋势项 $y_4(t)$ 进行预测。对长期趋势项数据做完平稳化处理后，通过多次尝试寻找最优的滞后阶数，最终选取了最优模型 ARIMA（2, 1, 1）。

(4) 利用 SVM 集成方法对高频项、低频项和长期趋势项的预测结果进行集成。利用支持向量集成法的过程中，选用交叉验证参数寻优法，寻得的最优参数为 $c=4$，$\gamma=0.5$，$\varepsilon=0.05$。

模型训练好之后，为了考察多尺度组合模型在样本外的预测效果如何，以 2011 年 1 月至 2012 年 12 月两年的铜价数据作为测试集，共 24 个数据，对多尺度组合模型进行测试，各分项预测误差和集成预测误差如表 5 - 3 所示。

表 5 - 3   各分项预测和集成预测误差

评价指标	高频项	低频项	长期趋势项	集成预测
NMSE	0.835 4	0.105 8	0.050 4	0.049
MAPE	2.140 6	0.481 4	0.000 4	0.016
DS（%）	83.33	100	100	83.33

从表 5 - 3 可以看到，利用 ARIMA 模型对于长期趋势项的预测非常准确，正则均方误差和平均绝对百分比误差都很小，方向对称值高达 100%；低频项的预测效果也不错，预测误差较小，方向对称值也达到了 100%；高频项的预测效果略差，主要是因为高频项波动剧烈且毫无规律，且出现了一些奇异点，从而有所影响。对于集成预测（多尺度组合模型预测），其正则均方误差和平均绝对百分比误差都比较小，而方向对称值比较大，说明预测效果比较理想。

为了进一步比较本篇提出的多尺度组合模型的优劣，基于同样的数据集，即以 2000 年 1 月至 2010 年 12 月的铜价数据作为训练集，以 2011 年 1 月至 2012 年 12 月的铜价数据作为测试集，将本篇构建的多尺度组合模型与 ARIMA 模型、Elman 神经网络、SVM 方法、GARCH 模型、灰色系统 GM（1, 1）这些单模型方法，ARIMA - SVM 一般组合模型以及分解后不进行重构而直接对各分项进行预测的 EMD - SVM - SVM 多尺度组合模型的预测效果做对比分析。对比分析分为短期和长期，短期是预测一年（2011 年 1 月至 2011 年 12 月），长期是预测两年（2011 年 1 月至 2012 年 12 月），表 5 - 4 和表 5 - 5 分别给出了短期预测和长期预测的效果。

表 5 - 4　铜价短期预测效果比较：预测一年（2011 年 1 ~ 12 月）

指标	本篇模型	ARIMA	Elman	SVM	GARCH	GM (1，1)	ARIMA - SVM	EMD - SVM - SVM
NMSE	0.036	0.753	0.416	0.885	1.217	3.127	0.73	0.095
MAPE	0.016	0.07	0.051	0.078	0.091	0.141	0.07	0.024
DS（%）	83.33	66.7	50	50	58.33	41.67	58.33	83.33

表 5 - 5　铜价长期预测效果比较：预测两年（2011 年 1 月 ~ 2012 年 12 月）

指标	本篇模型	ARIMA	Elman	SVM	GARCH	GM (1，1)	ARIMA - SVM	EMD - SVM - SVM
NMSE	0.049	0.885	0.346	0.637 7	2.602	11.44	0.94	0.096
MAPE	0.016	0.079	0.042	0.058	0.141	0.28	0.08	0.024
DS（%）	83.33	58.3	50	50	54.17	45.83	54.16	79.17

从表 5 - 4 和表 5 - 5 的预测结果可以看到，对于 LME 期铜价格的预测，从三个评价指标综合来看，在短期和长期预测中，本篇构建的多尺度组合模型都明显优于 ARIMA 模型、Elman 神经网络、SVM 方法、GARCH 模型、灰色系统 GM（1，1）这些单模型方法，也优于 ARIMA - SVM 组合模型和 EMD - SVM - SVM 多尺度组合模型。

具体来看，在短期中，本篇构建的多尺度组合模型的正则均方误差、平均绝对百分比误差仅为 0.036 和 0.016，方向对称值更是高达 83.33%，其他方法对应的最优值分别是 0.095、0.024 和 83.33% 。可以看到，对于铜价的预测，不进行重构的 EMD - SVM - SVM 多尺度组合模型的效果也不错，优于一般单模型和 ARIMA - SVM 组合模型，但比本篇利用游程判定法进行重构了的多尺度组合模型的效果要差。在长期中，多尺度组合预测模型也同样优势明显。总体来看，本篇构建的多尺度组合模型在对铜价的预测精度上优势明显，在对铜价方向走势的预测也有所改善，对铜价的预测效果更好，更适合国际铜价的预测。

第6章 小麦价格波动及预测分析

6.1 引言

"民以食为天，食以粮为本。"粮食作为大宗农产品的最重要部分，关系着世界各国的稳定和发展，是其他产业发展的基础。粮食价格的波动，不仅关系到粮食安全，也关系到社会的和谐稳定。而小麦是其中最重要的一种农产品，在一定程度上也体现了粮食价格的大体情况，因此正确了解小麦价格的波动规律进而预测小麦价格的未来走势对于了解粮食市场有重要参考意义。

小麦作为一种大宗商品，其价格跟其他商品一样是由市场决定的，小麦价格随着小麦的供给与需求变化而相应出现反方向变化，也就是当小麦供给大于需求时，小麦价格下降，反之，小麦价格上升。但是农业生产有其特殊性，农产品一般受季节气候影响很大，有很强的季节性。小麦的价格除了受到一般的供求关系影响外，还会在生产阶段和流通阶段受到很多因素的影响。例如，在小麦生产阶段，会受到化肥价格等生产成本、气候条件的优劣和其他农产品的种植数量和结构等的影响；在流通阶段，会受到流通方式、储备手段、政府政策和供需变化等因素的影响。所有这些因素都会不同程度地影响小麦的价格。

因此，选取小麦作为农产品类大宗商品的代表，利用第3章构建的多尺度组合模型来预测小麦价格。同时，把第3章构建的多尺度组合模型的预测效果跟其他经典方法包括 ARIMA、Elman、SVM 等单模型，ARIMA－SVM 组合模型以及不进行重构的 EMD－SVM－SVM 多尺度组合模型的预测效果进行比较。

6.2　小麦价格序列分解与重构

选取 1991 年 1 月至 2012 年 12 月美国农业部网站公布的 1 号硬红冬小麦共 22 年的现货价格数据进行实证研究，总共 264 个数据。其中，1991 年 1 月至 2010 年 12 月这 20 年的数据作为训练集，共 240 个数据；利用 2011 年 1 月至 2012 年 12 月两年的数据作为测试集，共 24 个数据。

首先需要对整个样本数据集也就是 1991 年 1 月至 2012 年 12 月 1 号硬红冬小麦现货价格月度数据进行分解和重构。

先利用 EMD 经验模态分解法对小麦现货价格序列进行多尺度分解，能直接分解出最优的 7 个 IMF 本征模函数分量和 1 个剩余分量 R，分解结果如图 6 - 1 所示。

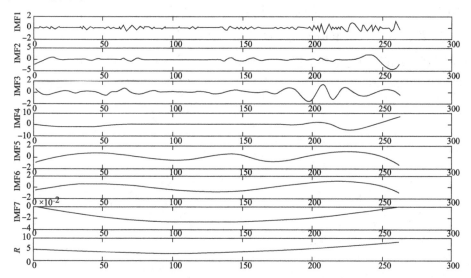

图 6 - 1　小麦现货价格 EMD 分解结果

从图 5 - 1 可以看到，IMF1，…，IMF7 是频率从高到低的 7 个本征模分量，其中，IMF1 波动频率最高，而 IMF7 波动频率最低，R 是剩余分量。

根据 EMD 分解原理，剩余分量 R 就是代表了序列的长期趋势，因此把 R 单独归为长期趋势项。然后根据游程判定法的客观重构标准对 IMF1 到 IMF7

这 7 个分量进行客观重构，分别计算 IMF1 到 IMF7 这 7 个分量的游程数，得到这 7 个分量的实际游程数的结果如表 6 - 1 所示。

表 6 - 1　各分项游程数

IMF 分量	IMF1	IMF2	IMF3	IMF4	IMF5	IMF6	IMF7
游程数	149	35	28	8	6	5	3

由于选取的小麦价格样本总数为 264，也就是可能出现的最大游程数是 264；而分解出来的是 7 个 IMF 分量，也就是可能出现的最大区间数和最多重构项为 7。因此，把 [1，264] 等分为 7 个区间，这 7 个区间的范围分别为 [1，38]，[39，75]，[76，112]，[113，149]，[150，186]，[187，223]，[224，264]。根据计算出来的每个分量实际的游程数可以看到，IMF1 落在第 4 区间 [113，149] 内，IMF2，IMF3，IMF4，IMF5，IMF6 和 IMF7 落在第 1 区间 [1，38] 内。因此，根据游程判定法把 IMF1 归为高频项，IMF2，IMF3，IMF4，IMF5，IMF6 和 IMF7 叠加后归为低频项。

根据游程判定法重构得到的高频项、低频项和长期趋势项这三个序列与小麦现货价格序列的走势如图 6 - 2 所示。

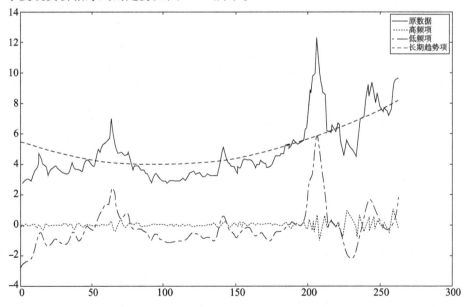

图 6 - 2　小麦价格序列和重构后的三个分量走势

6.3　小麦价格重构序列波动特点分析

由于重构后的高频项、低频项和长期趋势项这三个序列的频率和振幅都是不同的，所以可以通过计算这三个序列的周期和方差贡献率来观察这三个序列的特点。周期可以反映各重构项的波动程度，方差贡献率可以反映各重构项的贡献程度。这三项的统计结果如表 6 - 2 所示。

表 6 - 2　各分项的周期和方差贡献率

分项	高频项	低频项	长期趋势项
周期（月）	1.8	6.6	263
方差贡献率（%）	1.95	45.69	36.42

综合图 6 - 2 和表 6 - 2 可以看到，重构后的高频项、低频项和长期趋势项这三个序列都有各自明显的特征。具体分析如下。

对于长期趋势项，其方差贡献率达到 36.42%，周期达到 263 个月，波动平稳。长期趋势项是小麦价格的重要组成部分，主导着小麦价格在长期中的走势。尽管一些重大事件及投机因素等会使得小麦价格发生比较剧烈的波动，但是总体上小麦价格是在长期趋势项价格附近波动，并且随着这些因素的影响逐渐消失或减弱，小麦价格一般都会回到长期趋势价格上。总体来说，长期趋势项反映了在不受其他因素的影响下的小麦价格的长期走势。

对于低频项，其方差贡献率高达 45.69%，周期为 6.6 个月，波动频率相对较大。从图 6 - 2 可以看到，低频序列的形态和小麦价格序列基本一致，特别是低频序列的每一个剧烈波动点都对应着严重影响小麦价格的重大事件。小麦价格与小麦产量和需求量有关，很多重大事件会影响小麦的产量和库存，进而影响小麦价格。例如，2008 年（图 6 - 2 中 205 点），由于受到气候的影响，小麦供应紧张，同时美国次债危机以及美元的持续贬值也对小麦价格产生了巨大的影响；2011 年，受益于较好的天气条件以及各国陆续调整出口额度或降低出口关税等相关政策，小麦价格出现回落。可以认为，低频项代表了重大事件对小麦价格的影响，将低频项分离出来对提高小麦价格的预测有重要作用。

对于高频项，其方差贡献率为1.95%，周期为1.8个月，波动剧烈。高频部分总体上对小麦价格的影响较小，但是其在长期中的累计作用也不可小视。从图6-2可以看到，高频部分的波动剧烈且规律不明显，因此可以认为高频项代表了一些投机因素、心理因素等不规则因素对小麦价格的影响。

6.4 小麦价格预测与对比分析

选取1991年1月至2010年12月共20年的美国农业部网站公布的1号硬红冬小麦现货价格月度数据作为训练集，共240个数据，首先对多尺度组合模型进行训练。

根据多尺度组合模型的构建步骤，对于重构后的高频项和低频项分别选用 ANN 或 SVM 进行预测，选取最好的预测结果；选用 ARIMA 对长期趋势项进行预测；最后利用支持向量集成法对重构项的预测结果进行集成，得到最终的预测值。各项的预测方法和最后的集成方法的选取结果和具体操作如下。

（1）利用 Elman 对小麦价格高频项$y_1(t)$进行预测。首先将高频数据进行归一化处理，统一归一化到 [0，1] 区间，然后确定 Elman 神经网络的输入层节点数为3，输出层节点数为1，隐含层神经元节点数为9。

（2）利用 SVM 对小麦价格低频项$y_3(t)$进行预测。首先将低频数据归一化到 [0，1] 区间，核函数选用 RBF 核函数，然后通过交叉验证法寻到最优参数$c=3$，$\gamma=1$，$\varepsilon=0.05$。

（3）利用 ARIMA 模型对小麦价格长期趋势项$y_4(t)$进行预测。根据 ARIMA 模型的要求，先对长期趋势项数据做平稳化处理，经过反复尝试寻找最优的滞后阶数，最终得到最优的 ARIMA 模型为 ARIMA（2，1，1）模型，用于对小麦价格长期趋势项的预测。

（4）利用 SVM 集成方法对高频项、低频项和趋势项的预测结果进行集成。支持向量集成过程中，采用交叉验证法寻得的最优参数为$c=8$，$\gamma=3$，$\varepsilon=0.05$。

为了考察多尺度组合模型在样本外的预测效果如何，在此利用2011年1月至2012年12月两年的小麦价格数据作为测试集，对多尺度组合模型进行测试，各分项预测误差和集成预测误差如表 6-3 所示。

表 6-3　各分项预测误差

评价指标	高频项	低频项	长期趋势项	集成预测
NMSE	0.568 5	0.029 7	8.275 4E-16	0.158 7
MAPE	0.925 3	0.164 4	5.292 8E-10	0.041 3
DS（%）	100	91	100	82.6

从表 6-3 可以看到，利用 ARIMA 模型对于长期趋势项的预测非常准确，正则均方误差和平均绝对百分比误差都很小，方向对称值更是高达 100%；Elman 对高频项以及 SVM 对低频项的预测误差较小，对方向的预测较为准确。对于集成预测（即多尺度组合模型预测），总体预测误差也较小，说明整体预测效果较佳。

为了进一步验证本篇提出的多尺度组合模型的有效性，基于同样的数据集，以 1991 年 1 月至 2010 年 12 月的小麦价格作为训练集，以 2011 年 1 月至 2012 年 12 月的小麦价格数据作为测试集，将本篇构建的多尺度组合模型与 ARIMA 模型、Elman 神经网络、SVM 方法、GARCH 模型、灰色系统 GM（1，1）这些单模型方法，ARIMA-SVM 组合模型以及分解后不重构而直接进行预测的 EMD-SVM-SVM 多尺度组合模型的预测效果进行对比分析，分别做了短期一年（2011 年 1 月~2011 年 12 月）和长期两年（2011 年 1 月~2012 年 12 月）的预测效果的比较。表 6-4 和表 6-5 给出了各模型对小麦价格在短期和长期中的预测效果对比。

表 6-4　小麦价格短期预测效果比较：预测一年（2011 年 1~12 月）

指标	本篇模型	ARIMA	Elman	SVM	GARCH	GM（1，1）	ARIMA-SVM	EMD-SVM-SVM
NMSE	0.275	2.004	2.155	0.967	0.986	11.026	2.164	0.975
MAPE	0.031	0.091	0.092	0.066	0.062	0.231	0.096	0.060
DS（%）	83.33	67	50	50	58.33	58.33	67	67

表 6 - 5　小麦价格长期预测效果比较：预测两年（2011 年 1 月 ~ 2012 年 12 月）

指标	本篇模型	ARIMA	Elman	SVM	GARCH	GM (1，1)	ARIMA - SVM	EMD - SVM - SVM
NMSE	0.159	3.524	0.981	0.408	0.974	5.591	3.659	3.78
MAPE	0.041	0.140 2	0.082	0.050	0.091	0.211	0.145	0.147
DS（%）	82.6	47.8	56.5	60.87	47.8	43.48	48	48

　　从表 6 - 4 和表 6 - 5 的预测结果可以看到，对于小麦价格的预测，在短期和长期预测中，从三个评价指标综合来看，本篇构建的多尺度组合模型明显优于 ARIMA 模型、Elman 神经网络、SVM 方法、GARCH 模型、灰色系统 GM（1，1）这些单模型，也优于 ARIMA - SVM 一般组合模型和 EMD - SVM - SVM 多尺度组合模型。具体可以看到，在短期中，本篇构建的多尺度组合模型的正则均方误差和平均绝对百分比误差为 0.275 和 0.031，方向对称值高达 83.33%，而其他模型相应的最优值分别是 0.967、0.060 和 67%，本篇构建的多尺度组合模型的优势明显，在长期中情况类似。总的来说，本篇构建的多尺度组合模型的预测效果更好，更适合小麦价格预测。

小　结

大宗商品主要分为能源类、基础材料类和大宗农产品三大类，是世界各国赖以生存和发展的重要物质基础。随着经济的快速发展，我国对大宗商品的进口越来越多，对外依存度也在逐步提高。而国际大宗商品价格却波动剧烈且频繁，这会对我国经济造成巨大的冲击，对我国相关企业和部门带来较大影响。因此，如果能正确有效地预测出各类大宗商品的价格意义重大。取得的成果如下。

（1）构建了一个新的多尺度组合预测模型。通过构建一个新的多尺度组合模型来分析大宗商品价格的波动特点并预测大宗商品价格的未来走势。多尺度组合模型的构建首先是利用 EMD 多尺度分解方法将非平稳的价格序列分解成多个 IMF 本征模分量和一个剩余分量，然后提出运用游程判定法的新思路对分量序列进行重构，从而可以得到分别代表了不规则因素、季节因素、重大事件影响和长期走势的高频项、中频项、低频项和趋势项四个部分，针对这四部分的波动特点分别选用神经网络（ANN）、支持向量机（SVM）和时间序列方法进行预测，最后利用支持向量集成法对这四个重构项的预测结果进行集成。本篇构建的多尺度组合模型属于数据驱动和理论驱动相结合，不仅可以增强模型预测的精度，还能够更深刻地挖掘数据序列内在的意义，对各重构项赋予相应的经济含义，对于大宗商品价格的波动特点和预测结果可以做更深刻的分析和解释。

（2）在模型构建过程中提出了利用游程判定法进行重构的新思路。首次将游程判定法用于数据频率的计算并提出游程判定法重构的客观标准。利用游程判定法客观地重构出高频项、中频项、低频项和趋势项四个部分，并从不规则因素、季节因素、重大事件和长期趋势等方面进行了相应的解释,基本可以认为大宗商品价格序列可以由长期趋势项、重大事件因素项、季节因素项和不规则因素项组成。相比于不重构而直接对各分量进行预测,利用游程判定法重构能够极大减少预测工作量和预测的复杂度。相比于其他预先设定好重构为几项的重构方法,游程判定法可以在充分反映各项波动特征的基础上客观地重构出合适的项数,重构标准更客观,而且还在此基础上赋予了重构项一定的经济含义,增强了理论基础。

(3)针对重构项数据序列的不同波动特点,选用了最具优势的预测方法分别对不同的分量序列进行预测,能发挥多种预测方法的优势,提高预测精度。高频项波动剧烈且规律性不明显,传统神经网络对于预测高频数据有其特有的优势,但其采用的是静态空间模型,Elman 神经网络引入动态空间模型,通过存储内部状态可以映射知识信息的动态特征,从而具有适应知识信息时变特征的能力,优于 BP 神经网络等方法,选用 Elman 神经网络预测高频项具有明显的优势;中频项和低频项的波动程度虽然小于高频项,但仍具有明显的非线性特征,一般的时间序列方法对此难以捕捉,而 SVM 是一种新兴的机器学习方法,对高维数、非线性等复杂数据的处理能力较强,大量实证研究表明,SVM 比较适合中频项和低频项的预测;趋势项序列基本呈现平稳上升态势,ARIMA 特别擅长捕捉线性趋势特征,因此选用 ARIMA 预测趋势项。

(4)利用本篇构建的多尺度组合模型对原油、铜和小麦三种大宗商品价格的波动和预测分析,发现本篇构建的多尺度组合预测模型明显优于 ARIMA、Elman、SVM、GARCH、GM(1,1)单模型,优于 ARIMA – SVM 组合模型,也优于对分解后的序列不重构而直接进行预测的 EMD – SVM – SVM 多尺度组合模型。本篇构建的多尺度组合模型整体预测效果更优,更适合大宗商品价格预测。

(5)利用本篇构建的多尺度组合模型分别对原油、铜和小麦价格进行预测,总体上对这三种大宗商品价格的预测都较好,但横向比较来看,本篇构建的多尺度组合模型对铜价的预测精度最准确,其次是小麦价格,最后是油价。特别是对未来方向走势的把握,铜价和小麦价格的方向对称值都高达

83.3%，油价仅为 50%。这主要是因为本篇构建的多尺度组合模型在预测周期性较强的商品价格具有更大的优势。

尽管本篇对大宗商品价格的波动分析和预测做了一定的研究并取得了一些成果，但是受到自身能力和条件的制约且时间有限，本篇现有的研究还存在一些不足，分析角度也有所局限，在未来可以做进一步研究以作改善。具体可以从以下几个角度做进一步探讨。

（1）本篇构建的多尺度组合预测模型只是从价格序列本身出发，默认其他因素的影响都反映在价格本身的波动中，所以在构建模型时只是单纯利用价格序列前几期价格来预测下一期价格，完全没有利用其他外在的影响因素。因此，下一步可以考虑在预测模型的构建中加入一些其他重要的影响因素。

（2）在实证研究中，本篇仅考虑了使用大宗商品的月度价格数据模型的预测效果。如果尝试使用周数据或日数据，模型的预测效果可能会有所不同，因为更详尽、更细分的数据有助于提取出更充分的信息。后期可以尝试使用大宗商品价格的日数据和周数据做进一步的实证研究。

（3）在实证分析方面，本篇仅选取原油、铜和小麦三种大宗商品分别作为能源类、基础原材料类和大宗农产品这三大类大宗商品的代表，不能完全代表所有大宗商品的情况。因此，未来可以尝试将构建的多尺度组合模型用于大豆等其他大宗商品价格的预测。

附　录

游程判定法代码:

% 操作说明

% A 为输入数据

% zero – state 里的数是连续 i 个 0 的个数, one – state 里的数是连续 i 个 1 的个数, 所有个数加起来就是游程数。

```
tic;
N = size (A, 2); % 求矩阵的行列数, 1 为行, 2 为列
for j = 1: N
Y = A (:, j);
Y_ mean = mean (Y);
Y_ number = length (Y);
B = Y > Y_ mean;
one_ stat = zeros (Y_ number, 1);          % 统计 1 的各种游程
zero_ stat = zeros (Y_ number, 1);         % 统计 0 的各种游程
one_ count = 0;
zero_ count = 0;
max_ 1count = 0;
max_ 0count = 0;
if (B (1)  = =1)
    one_ count = 1;
```

```
else
    zero_ count = 1;
end
for i = 2: Y_ number
    if (B (i) = =1)
        if (B (i-1) = =0)
            zero_ stat (zero_ count, 1) = zero_ stat (zero_ count, 1) +1;
            if (zero_ count > max_ 0count)
                max_ 0count = zero_ count;
            end
            zero_ count = 0;
        end
        one_ count = one_ count + 1;
    else
        if (B (i-1) = =1)
            one_ stat (one_ count, 1) = one_ stat (one_ count, 1) +1;
            if (one_ count > max_ 1count)
                max_ 1count = one_ count;
            end
            one_ count = 0;
        end
        zero_ count = zero_ count + 1;
    end
end
if (one_ count > max_ 1count)
    max_ 1count = one_ count;
end
if (zero_ count > max_ 0count)
    max_ 0count = zero_ count;
```

```
end
if（one_ count >0）
    one_ stat（one_ count，1）=one_ stat（one_ count，1）+1；
end
if（zero_ count >0）
    zero_ stat（zero_ count，1）=zero_ stat（zero_ count，1）+1；
end
zero_ stat =（zero_ stat（1：max_ 0count，1））；
one_ stat =（one_ stat（1：max_ 1count，1））；
disp（'zero_ stat 的 i 行中的数目即为几位连续 i 个 0 出现的次数'）；
disp（'one_ stat 的 i 行中的数目即为几位连续 i 个 1 出现的次数'）；
toc；
youcheng0 = sum（（sum（zero_ stat））；
youcheng1 = sum（（sum（one_ stat））；
youcheng（1，j）= youcheng0 + youcheng1；
end
% 求游程判定法区间
M = size（A，1）；
jianju = fix（M/（N - 1））；
for i = 1：N - 2
qujian（1，i）= i * jianju；
qujian（1，N - 2）= M；
end
% 打印结果
youcheng
qujian
```

第三篇　基于 EEMD 分解的多尺度组合模型及其应用

本篇的主要目的是对第二篇提出的组合预测模型进行改进，试图提高模型的预测精度和效果。同时，探讨粮食价格的季节性和周期性波动特征，并运用所提出的多尺度组合预测模型对粮食价格的未来走势进行分析和预测。最后，结合粮食价格的短期和长期运行规律，对我国粮食生产和保障粮食安全方面提出有针对性的建议。

第 7 章是基于 EEMD 分解的多尺度组合模型构建与分析。主要给出了模型构建的基本思想、理论基础和基本过程，其理论基础包括集合经验模态分解法（EEMD）、灰色关联法、神经网络、支持向量机等理论方法。

第 8 章是粮食价格季节性波动分析。运用最新的季节调整方法——X－13A－S 方法对粮食价格的季节性波动进行分析，探讨趋势因素、不规则因素、交易日因素和假日因素对粮食价格的影响程度和规律，并结合实际情况进行验证，最后给出粮食价格具体的季节因子变化模式。

第 9 章是粮食价格周期性波动分析。首先直观地分析了粮食价格的周期性，在此基础上，运用谱分析和小波分析方法对粮食价格波动的周期性进行研究，主要包括周期的存在性、周期波动长度及波动原因三个方面。

第 10 章是粮食价格预测分析。运用第 7 章提出的预测模型，分别对小麦、大米以及玉米三种粮食价格进行预测分析，并进行对比研究。

第7章　基于 EEMD 分解的多尺度
组合模型构建与分析

7.1　模型构建的基本思想

一般来说，商品价格序列的波动具有非线性、非平稳性的特征。粮食商品的价格也是如此，它是由多种因素共同影响形成的，一般包括长期趋势、季节性变化、周期性变化和不规则的因素如心理作用、投机行为等方面。所以粮价的波动是呈现围绕长期趋势上下波动的态势。对于现有的计量方法，如回归预测和时间序列模型等对序列走势拟合的是序列大致的变化走势，不能把握序列的非平稳波动；一些机器学习方法和一般的组合模型也只能在一定程度上捕捉到波动特性，不能很好地抓住数据波动的复杂规律，影响了预测的精度。

现有的实证研究表明，粮价的时间序列和其他的商品价格序列一样在波动中呈现多尺度（即多频率）的特征。小波分析和 EMD 等多尺度分解方法可以将序列分成不同尺度的组合，分解后的各分量能够更好地展现序列自身的内在规律。而且这些方法一般来说具有计算简单、操作方便等优势，在预测领域运用较广。

本章预测模型构建的基本思想为：第一，运用集合经验模态分解这一多尺度组合方法分解粮食价格序列，得到频率不同的各个分序列；第二，将分解后的各自序列通过一定的规律或方法重构为几部分，这既可以在接下来的预测过程中减轻工作量，同时也可以赋予各重构项一定的经济含义，使得重构项的存在更加合理；第三，根据各重构项的不同波动特征选择比较合适的方法进行预测，包括 SVM、ARIMA、ANN 等传统及机器学习方法；第四，对各项预测的结果运用集成方法集成，得到粮食价格的预测值。

7.2 理论基础

7.2.1 EEMD 原理及其优势

（1）EEMD 原理介绍。

集合经验模态分解（EEMD）方法在 2009 年由黄锷提出，是对 1998 年提出的经验模态分解方法（EMD）的改进，主要是运用噪声辅助对序列的频率波动进行分析。EEMD 方法是运用于数据挖掘和数据处理的分析方法，对具有非线性和非平稳性的价格时间序列的分解效果很好。

EMD 方法是将序列按频率波动的大小逐一分解，得到各个本征模函数，而 EEMD 方法则是在 EMD 方法基础上有了改进，就是将白噪声加在原始序列上然后进行序列的分解，并且重复多次，添加的白噪声被消除，得到的本征模函数是稳定而且频率清晰的，这使得各分项的波动规律更加的明确，对下一步挖掘序列信息提供便利。

（2）EEMD 方法优势。

EEMD 方法是比较新的数据挖掘方法，在很多领域也有所运用。除了 EEMD 方法外，谱分析法、小波分析法以及 EMD 方法也是常用的多尺度分解方法。比较而言，EEMD 更具有数据挖掘的优势，主要包括以下几点。

第一，EEMD 方法相对于谱分析法而言，其在时域和频域方面具有更好的表现力。谱分析的基础是傅里叶分析，它在频域中能获得较高的分辨率，但是不具有时域的分辨率。而 EEMD 在处理如时间价格序列时能有好的时频表现力，优势明显。

第二，EEMD 方法与小波分析法比较，具有操作简单、结果合理的优势。EEMD 方法的分解是自适应的，它能够根据序列自动确定最佳的项数，而小波分析需要预先选定基函数，不具有自适应性，虽然有些时候做过数据处理选基函数的测试，但是不能保证基函数的选择适用于所有的序列。

最后，相对于 EMD 方法，EEMD 分解方法引入了噪声辅助，有效地解决了 EMD 分解方法存在的模式混叠现象，使得本征模函数 IMF 分量的物理信息更加的清晰，进一步提高了分解的精度。

7.2.2　灰色关联度原理及其优势

（1）灰色关联度方法的原理介绍。

灰色系统理论是在 1982 年由邓聚龙教授提出的，是研究信息部分未知的情况下的信息的提取和挖掘，主要目的是将各个子系统之间的模糊关系运用灰色关联分析方法用数值具体表现出来。因此，灰色关联分析方法从量化角度度量了系统的发展变化，是数据到数据的"映射"结果。它运用的是数据序列的波动变化比较，一般来说，序列的波动的形状越接近，它们的发展变化也越接近，其关联度越高。

（2）灰色关联度方法的优势。

利用灰色关联分析进行重构，有三个相比其他重构方法更好的优势：第一，从关联度系数角度出发将各项重构，可以使得关联系数高的分量归为一项，更加客观；第二，在重构过程中，综合考虑分量间的关联度和各自的频率特征，相对更加合理；第三，在分析各重构项波动的周期、方差贡献率等波动特征后，赋予它们一定的经济含义，这也增加了本章预测模型构建和研究分析的理论基础。

构建多尺度组合模型还要用到神经网络方法、支持向量机、ARIMA 模型等理论方法，这些方法在第 3 章已介绍，这里不再赘述。

7.3　多尺度组合模型构建的基本过程

根据上面两节的模型方法的思想以及理论优势的介绍，本章基于 EEMD 分解的多尺度组合模型构建示意图如图 7 - 1 所示，具体步骤如下。

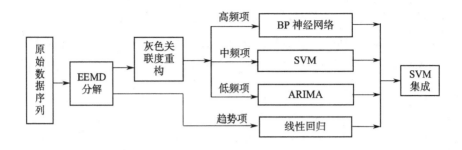

图 7 - 1 基于 EEMD 分解的多尺度组合模型构建示意图

（1）运用集合经验模态分解（EEMD）方法对小麦等粮食价格序列进行分解。首先对小麦价格序列 $y(t)$ 叠加一组高斯白噪声序列，$Y(t) = y(t) + \omega(t)$；然后对 $Y(t)$ 序列进行 EMD 分解：分别找出序列 $Y(t)$ 的所有极大值和极小值，并用三次样条函数对原始序列的极值拟合，得到序列的上下包络线，其序列分别为 $Y\max(t)$ 和 $Y\min(t)$，计算上下包络线的均值 $m(t)$；用序列 $Y(t)$ 减去均值序列 $m(t)$，得到的是去除一个低频项的新序列 $h(t) = Y(t) - m(t)$，若 $h(t)$ 中极值点数和序列零点数接近或相同，则确定其为本征模函数 IMF 分量，否则，对 $h(t)$ 重复上述的处理步骤，直至满足 IMF 的定义条件，得到的是第一个 IMF 分量 $I_1'(t)$，它是原始序列中最为高频的分量；然后将分量 $I_1'(t)$ 从序列 $Y(t)$ 中分离，得到一个去除高频分量的差值序列 $R_1'(t)$，重复上述整个过程直至提出 n 个 IMF 分量 $I_n'(t)$，剩余的 $R_n'(t)$ 分量为单调序列时，完成本次的 EMD 分解，则 $Y(t) = \sum_{j=1}^{n} I_j'(t) + R_n'(t)$。重复上述步骤 N 次，最后对所得的 IMF 分量加权平均，因为高斯白噪声频谱具有零均值的特点，平均后可消除其作为时域分布参考结果带来的影响，原始信号对应的 IMF 分量 $I_n(t) = \frac{1}{N}\sum_{j=1}^{N} I_{j,n}'(t)$，原始信号被分解为 $y(t) = \sum_{i=1}^{n} I_n(t) + R_n(t)$，其中各 IMF 分量 $I_1(t)$，$I_2(t)$……$I_n(t)$ 分别包含了信号从高到低不同频率段的成分，剩余分量 $R_n(t)$ 则代表了序列的趋势成分。

（2）运用灰色关联度方法对分解的子序列进行重构。首先对分解出来的 IMF 分量选择参考数列和比较数列，比如为 $I_1(t)$ 和 $I_i(t)$，$i = 1$，2，$\cdots$，n，对各序列进行初值化处理 $I_i(t) = \frac{I_i(t)}{\max I_i(t)}$，然后求解相对关联度系数：

$$\gamma_i^1 = \frac{1}{N}\sum_{t=1}^{N}\varepsilon_i^1(t) = \frac{1}{N}\sum_{t=1}^{N}\frac{\min_i\min_t|I_1(t)-I_i(t)| + \rho\max_i\max_t|I_1(t)-I_i(t)|}{|I_1(t)-I_i(t)| + \rho\max_i\max_t|I_1(t)-I_i(t)|} \quad (7.1)$$

式中，ρ 为分辨系数，一般取 0.5；求解绝对关联度系数：

$$\gamma_i^2 = \frac{1}{N-1}\sum_{t=1}^{N-1}\varepsilon_i^2(t) = \frac{1}{N-1}\sum_{t=1}^{N-1}\frac{1}{1+|a^{(1)}(I_1(t+1)) - a^{(1)}(I_i(t+1))|}$$

$$(7.2)$$

式中，$a^{(1)}(I_1(t+1)) = I_1(t+1) - I_1(t)$，$a^{(1)}(I_i(t+1)) = I_i(t+1) - I_i(t)$。综合关联度系数值为 $\gamma_i = \beta\gamma_i^1 + (1-\beta)\gamma_i^2$。重复上述步骤，算出所有序列之间的综合关联系数，并采用最大灰色关联度聚类方法将本征模函数 IMF 分类，并在此分类基础上考虑本征模函数的波动频率。将关联度大且波动频率接近的 IMF 归为一类重构，并依次定义为高频项 $y_1(t)$、中频项 $y_2(t)$ 和低频项 $y_3(t)$。

（3）选择合适方法对各重构后分项进行预测。根据各个重构项从周期以及方差贡献率等角度体现出的波动特征不同，运用 BP 神经网络方法对高频项序列 $y_1(t)$ 进行预测，选择 SVM 方法预测中频项序列 $y_2(t)$，低频项序列 $y_3(t)$ 则是用 ARIMA 模型预测，而线性回归方法则运用到趋势项序列 $y_4(t)$ 的预测中。

现有文献表明，神经网络一般对高频数据预测效果比较好。BP 神经网络首先是将数据归一化，建立神经网络，设置网络层数，每层的节点数 n 可以通过试凑法来确定，然后对训练集进行训练，调用结果进行测试，最后对结果反归一化，得到高频项的预测值 $\widehat{y_1}(t)$。

运用 SVM 方法对中频项 $y_2(t)$ 进行预测。SVM 方法针对结构风险最小化原则提出，具有更好的泛化能力和推广能力。SVM 方法的主要思想就是运用一个非线性映射 ϑ，将中频项序列 $y_2(t)$ 映射到高位空间并在此空间中进行线性回归，最终可以得到中频项的预测值：$\widehat{y_2}(t) = \sum_{t=1}^{n}(\alpha_i^* - \alpha_i)k(y_2(t)) + b$，其中 $k(\cdot)$ 是核函数。

运用 ARIMA 模型对低频项 $y_3(t)$ 进行预测。首先判断 $y_3(t)$ 的平稳性，若不平稳进行差分平稳化处理，然后对序列进行自相关分析，确定 ARIMA 模型

的阶数 p、d 和 q，建立 ARIMA (p, d, q) 模型并估计模型的未知参数，$\widehat{y}(t) = c + \varphi_1 y(t-1) + \varphi_2 y(t-2) + \cdots + \varphi_p y(t-p) + \varepsilon(t) + \theta_1 \varepsilon(t-1) + \cdots + \theta_p \varepsilon(t-p)$，得到低频项 $y_3(t)$ 的预测值 $\widehat{y_3}(t)$。

运用自回归方程预测趋势项 $y_4(t)$。EEMD 分解经济时间序列数据得到的趋势项近乎一条直线，运用自回归方程即可分析预测，其方程为 $y_4(t) = c + \alpha y_4(t-1)$，得到趋势项预测值 $\widehat{y_4}(t)$。

（4）运用 SVM 方法对各预测结果进行集成。这是将各重构项的预测值作为输入值，粮食实际价格作为输出，建立输入与输出之间的映射，输出结果即为最终预测值 $\widehat{y}(T) = \text{SVM}\left(\widehat{y_1}(t), \widehat{y_2}(t), \widehat{y_3}(t), \widehat{y_4}(t)\right)$。

第8章 粮食价格的季节性波动分析

本章的研究目的是确定粮食价格季节性波动的存在性，在此基础上给出不同粮食品种具体的季节因子，并判断季节因子对粮食价格波动的影响大小。

8.1 引言

粮食价格一直存在着持续波动的态势，且变动方向和程度在不同阶段存在着明显的差异。戴春芳等（2008）以粮食价格收购指数为依据将我国改革开放以来的粮价波动分为五个不同的阶段进行了分析，并探究了粮食价格波动的原因，主要包括供求矛盾、自然灾害、生产成本和国际市场传导等方面。Piesse（2009）和 Timmer（2010）认为国际粮价分别在 1973 年、1984 年以及 2008 年达到峰值，并从供求角度指出不同阶段粮价波动的差异性。董智勇和王双进（2013）以国家的粮食政策为依据研究了市场化改革进程中我国粮食价格的波动规律。这些对粮食价格的研究都是基于作者对现有数据的主观判断，缺乏一定的实证支持。

金三林和张江雪（2012）研究了大豆、玉米、大米和小麦四种粮食的国际价格，结果表明价格呈现波动上升的走势，而近些年存在波动幅度增加以及波动的间隔缩短的趋势，其中价格偏离长期趋势部分的主要原因就是随机成分的存在，同时文章还提出了石油价格、美元指数等影响粮价波动的其他原因。曹慧（2007）利用小麦月度价格变异率进行周期的划分，研究表明小麦的周期平均为 29 个月，文章提出小麦价格的长期趋势是由供求状况决定的，且粮食政策的实行在一定程度上可以控制波动幅度。Baharom 等（2009）

分别运用 GARCH 和 EGARCH 模型分析了大米的月度数据，发现后一个模型更好且米价具有非对称性。邓宏亮和黄太洋（2013）用 ARCH 类模型分析了我国粮食总价格的波动规律及其影响因素。苗珊珊（2014）采用 TARCH 模型，分析了我国大米价格的周期型特征，研究表明大米市场价格具有显著的波动集簇性、非对称性和持续性等特征。

刘艳芳（2012）先从食糖原料的生长周期来分析其产量和价格的变化周期，再采用谱分析的 HP 滤波和 BP 滤波对食糖产量和价格进行定量化处理，分析其周期性。方伟等（2013）基于 X−12 和 HP 滤波对稻米市场价格进行分析，结果表明稻米价格呈现明显的季节特征，平均周期为 47 个月，而且物价水平波动（CPI）是影响稻米价格波动的主要原因。尽管 HP 滤波方法成为周期性分析的主流方法，但是其存在着一定的问题，如 HP 算法中有一个主观选取的参数，且 HP 算法是一种频域分析法，并没有将时域包含其中。小波分析是一种时频分析方法，它在低频部分和高频部分具有不同时间和频率分辨率，这种特性让我们能够根据实际需要在时间精度和频率精度之间进行选择。刘锐金（2012）分别运用了小波去噪、HP 滤波、BK 滤波等研究橡胶的月平均价格，结果表明天然橡胶的周期为 20 个月，但是存在双波谷的情况，从方法上来看，HP 滤波得到的波动幅度大，小波和 BK 滤波方法得到的周期相对多，且小波去噪方法的预测能力最佳。

由以上文献可以看出，国内外对粮食价格波动特征的研究主要集中在非对称性和周期性等特性上。其中的大部分文献主要是采用 ARCH 类模型分析粮价的非对称性、波动集簇性等，除去模型的变化，研究内容基本一致，缺乏一定的新意；而季节调整的方法一般用在对粮食价格的初步处理上，但是缺乏对价格的季节性的具体分析；少量的文献提到周期性，并且研究大多只是基于现有数据的主观判断或者是对现有数据简单处理之后进行判断，并没有考虑到价格的季节性和不规则的波动，对于大宗粮食商品缺少一定的实证验证其周期性，季节性和周期性的最新方法大多应用在经济的宏观数据、石油价格等方面，对粮食波动研究涉及甚少。

8.2　季节调整方法的介绍

季节调整是从经济时间序列中除去季节变动影响的因素，以此展示出时间序列内含的波动特征，从而对序列的波动变化规律可以有更好的把握。通过季节调整之后得到的时间序列数据可以从一定的角度来反映出经济的瞬时变化以及经济变化的转折点；同时发现时间序列长期运动的特点，并依据此对未来的趋势做出比较准确的判断。季节调整方法主要是将月度或者季度数据分解成为趋势成分、季节性成分、不规则成分以及历法效应几个部分，而调整模型包括了加法模型、乘法模型及伪加法模型等，其中乘法模型在经济时间序列中的运用最为广泛。

X－13A－S 方法是在 X－12－ARIMA 季节调整方法基础上提出来的，其结合了 X－12－ARIMA 和 SEATS 的模型与诊断量，在模型的操作过程中也可以选择基于季节调整的 SEATS 模型和基于非参数调整的 X－11 模型。

X－13A－S 季节调整方法主要分为三步：第一步，建立 RegARIMA 模型进行预调整，主要是调整序列中可能存在的离群值和历法效应，并且前后两方向延伸调整后的序列以补充数据，第二步是反复多次地运用不同长度的滤子 SI 对序列进行移动平均操作提取出各个成分，包括趋势循环、季节性、不规则成分和交易日因子；最后一步就是对季节调整的结果进行诊断检验。

RegARIMA 模型是具有 ARIMA 误差的回归模型，形式如下：

$$\varphi_p(L)\varphi_P(L^s)(1-L)^d(1-L^s)^D(Y_t-\alpha-\sum\beta_i X_{it}) = \theta_q(L)\ \Theta_Q(L^s)\ \varepsilon_t \quad (8.1)$$

在 RegARIMA 模型中，L 是滞后算子，s 为季节周期长度（其中月度为 12，季度为 4），d、D 分别表示非季节性以及季节性的差分阶数；$\varphi_p(L)$、$\theta_q(L)$ 分别表示非季节性自回归算子和 q 移动平均算子；$\varphi_P(L^s)$、$\Theta_Q(L^s)$ 分别表示季节性自回归算子和 Q 移动平均算子；ε_t 是白噪声；Y_t 为原始时间序列；X_{it} 是回归变量，可以是移动假日效应、工作日效应、离群值和常数项等。(8.1) 式通常用 Box－Jenkins 记法表示成 $(p\cdot d\cdot q)\ (P\cdot D\cdot Q)^s$。

X－13A－S 程序中提供了五个 ARIMA 预先设定的模型，其中非季节阶数分别为 (0, 1, 1)、(0, 1, 2)、(0, 2, 2)、(2, 1, 0)、(2, 1, 2)，而季

节阶数固定为（0，1，1）。对 ARIMA 模型的选择一般是基于下面三个标准：
①时间序列中的平均绝对百分比误差（MAPE）值小于 15%；②进行 Box -
Ljung 卡方检验，其零假设为模型无拟合不足；③进行过度差分检验，其准则
值应大于 0.9。ARIMA 模型选择时必须满足以上三个标准才可以接受，若有
多个模型都满足，则选择 MAPE 值最小的模型；若都不满足，则不使用 ARI-
MA 模型。X - 13A - S 可以自动检测 4 种类型的离群值，分别为离群值点 AO、
水平漂移 LS、暂时变化 TC、季节性离群值 SO。对于程序识别出的离群值，
除去能够给出合理解释的，其余的从原始序列剔除，这有助于参数的估计同
时保证模型的预测不受干扰。

8.3 样本选取和初始诊断

在全球市场中，小麦期货交易量排名前两位的交易所分别是芝加哥期货
交易所（CBOT）和美国堪萨斯商品交易所（KCBT），这两家交易所都选择硬
红冬小麦作为交割品种，而且硬红冬小麦是美国产量最多的小麦种类。因此，
本章选用硬红冬小麦作为研究对象。大米出口主要集中在泰国、印度、越南
和美国等国家，其中泰国是最大的出口国，泰国的大米分类众多，其中 100%
B 级大米出口量最大。因此，本章也选取了泰国 100% B 级大米作为研究对
象。美国是玉米的出口大国，同时 CBOT 玉米期货交割以 2 号黄玉米为准。因
此，本章还选取了美国 2 号黄玉米作为研究对象。

考虑到数据的可取得性和研究时间长度的有效性，选取 1971 年 1 月至
2014 年 12 月美国农业部网站（http：//www. usda. gov）公布的硬红冬小麦的
月度价格数据进行研究，共 528 个观察值（单位：美元/吨）；选取 1989 年 1
月至 2014 年 12 月联合国粮农组织公布的泰国 100% B 级大米的月度价格数据
进行研究，共 312 个观察值（单位：美元/吨）；选取 1994 年 1 月至 2014 年
12 月联合国粮农组织公布的美国 2 号黄玉米的月度价格数据进行研究，共
252 个观察值（单位：美元/吨）。本章中的四季专指北半球，其中 3 ~ 5 月为
春季，其他以此类推。

一般的经济时间序列使用的是季节调整中的乘法模型。三种粮食的价格

也是经济时间序列，而且在时域空间内可以看出有增长的趋势，所以本章中使用的是乘法模型。其分解的方程为：$Y_t = T_t S_t I_t P_t D_t$，其中 Y_t、T_t、S_t、I_t、P_t、D_t 分别表示的是原始序列、趋势循环成分、季节性成分、不规则成分、先验月度（季度）因子和交易日因子。通过季节调整，从原始序列中剔除季节性成分得到季节调整序列 $SY_t = T_t I_t P_t D_t$。

对三种粮食价格序列进行交易日回归计算，结果表明，它们的交易日效应并不显著。因此，在接下来的分析过程中不对交易日效应进行调整，价格序列分解趋势循环成分 T_t，季节性成分 S_t 和不规则成分 I_t。X－13A－S 方法中自定义的五个模型都不能同时满足 ARIMA 模型的三个准则，因此，本章的分析不使用 ARIMA 模型延长价格序列。

8.4　季节调整诊断

由表 8－1 可以看出，小麦价格经过调整后的序列平均绝对百分比小于原始序列，即调整后的价格序列比较平滑而且整体检验统计量 Q 值为 0.76，此值小于 1，这也表明季节调整的整体效果比较好。

表 8－1　小麦价格序列平均绝对百分比变化

间隔月数	1	2	3	4	5	6
原始序列（%）	4.40	7.24	9.47	11.23	12.87	14.41
调整后序列（%）	4.08	6.63	8.59	10.24	11.84	13.50
不规则成分（%）	2.93	3.68	3.56	3.20	3.06	3.22
间隔月数	7	8	9	10	11	12
原始序列（%）	15.76	16.69	18.03	19.08	20.20	21.55
调整后序列（%）	15.04	16.30	17.55	18.86	20.19	21.51
不规则成分（%）	3.60	3.41	3.05	2.93	3.06	3.52

进一步，对季节调整后序列和不规则成分进行谱分析，其谱分析图如图 8－1、图 8－2 所示。从这些图可以看出，调整后的小麦价格序列以及不规则成分中皆不存在残余季节性和交易日效应。这也表明，运用 X－13A－S 季节调整方法对小麦价格进行季节调整是有效的。

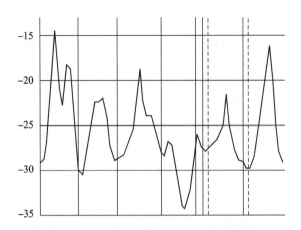

图 8-1 小麦价格季节调整后序列的谱分析

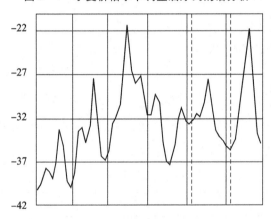

图 8-2 小麦价格不规则成分的谱分析

大米价格调整后的序列比较平滑（如表 8-2 所示），而整体检验统计量 Q 值为 0.89，这也表明季节调整的整体效果比较好。

表 8-2 大米价格序列平均绝对百分比变化

间隔月数	1	2	3	4	5	6
原始序列（%）	4.07	6.88	8.93	10.64	12.08	13.29
调整后序列（%）	3.43	5.83	7.89	9.69	11.19	12.63
不规则成分（%）	2.36	3.03	3.06	2.98	3.04	3.00
间隔月数	7	8	9	10	11	12
原始序列（%）	14.48	15.25	15.98	16.64	17.37	18.22
调整后序列（%）	13.74	14.63	15.41	16.28	17.22	18.19
不规则成分（%）	3.09	2.84	2.74	2.68	2.76	3.11

　　进一步对季节调整后序列和不规则成分进行谱分析，其谱分析图如图 8 - 3、图 8 - 4 所示。从这些图可以看出，调整后序列和不规则成分中都不存在残余的季节性和交易日效应。

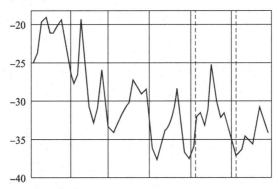

图 8 - 3　大米价格季节调整后序列的谱分析

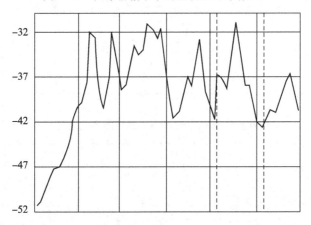

图 8 - 4　大米价格不规则成分的谱分析

　　玉米价格调整后的序列比较平滑（如表 8 - 3 所示）；整体检验统计量 Q 值为 0.63，说明玉米价格季节调整效果好。

表 8 - 3　玉米价格序列平均绝对百分比变化

间隔月数	1	2	3	4	5	6
原始序列（%）	4.53	7.45	9.87	12.04	13.97	15.6
调整后序列（%）	4.34	7.09	9.36	11.47	13.29	14.85
不规则成分（%）	3.08	3.49	3.38	3.34	3.28	3.36

间隔月数	7	8	9	10	11	12
原始序列（%）	17.01	18.33	19.42	20.33	21.31	22.53
调整后序列（%）	16.30	17.65	18.90	20.12	21.20	22.52
不规则成分（%）	3.03	3.38	3.16	3.01	3.04	3.41

进一步对季节调整后序列和不规则成分进行谱分析，其谱分析图如图 8-5、图 8-6 所示。从这些图可以看出不存在残余季节性和交易日效应。

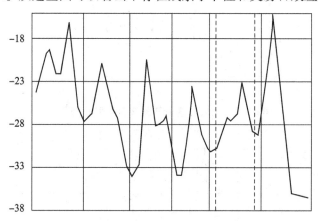

图 8-5　玉米价格季节调整后序列的谱分析

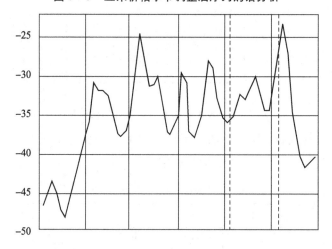

图 8-6　玉米价格不规则成分的谱分析

8.5　季节性成分检验和分析

（1）季节性成分与检验

三种粮食的季节性检验如表 8 - 4、表 8 - 5、表 8 - 6 所示，稳定季节性和移动季节性的两个 F 检验和 Kruskal - Wallis 检验结果表明，小麦、大米和玉米这三种粮食的价格序列中不存在可识别季节性。三种粮食价格在 0.001 的显著性水平下证明存在稳定的季节性，在 0.01 的显著性水平下证明存在移动的季节性，这两个季节性同时存在，使得粮食价格波动显著，不仅随月变化，而且随年变化。

表 8 - 4　小麦价格季节性检验

稳定季节性 F 检验（原假设：无季节性影响）			
	平方和	自由度	均方	F 值
月度间	3 025.454 7	11	275.041 34	11.256 * *
残差	12 608.458	516	24.435	
总计	15 633.913	527		
在显著性水平 0.001 下证明季节性的存在			
稳定季节性非参数检验（原假设：无季节性影响）			
Kruskal - Wallis 统计量	自由度	概率水平	
134.300 3	11	0	
在显著性水平 0.01 下证明季节性的存在			
移动季节性 F 检验（原假设：年变化无影响）			
	平方和	自由度	均方	F 值
年度间	2 114.591 1	43	49.176 538	4.623 * *
误差	5 031.090 8	437	10.636 556	
在显著性水平 0.01 下证明存在移动季节性			

表 8-5　大米价格季节性检验

稳定季节性 F 检验（原假设：无季节性影响）				
	平方和	自由度	均方	F 值
月度间	1 084.889	11	98.626 27	3.813 * *
残差	7 760.561 5	300	25.868 54	
总计	8 845.450 5	311		
在显著性水平 0.001 下证明季节性的存在				
稳定季节性非参数检验（原假设：无季节性影响）				
Kruskal - Wallis 统计量		自由度		概率水平
71.044 2		11		0
在显著性水平 0.01 下证明季节性的存在				
移动季节性 F 检验（原假设：年变化无影响）				
	平方和	自由度	均方	F 值
年度间	1 570.261 8	25	62.810 472	6.524 * *
误差	2 647.648 7	275	9.627 813	
在显著性水平 0.01 下证明存在移动季节性				

表 8-6　玉米价格季节性检验

稳定季节性 F 检验（原假设：无季节性影响）				
	平方和	自由度	均方	F 值
月度间	1 437.356 2	11	130.668 75	7.737 * *
残差	4 053.325 9	240	16.888 86	
总计	5 490.682 2	251		
在显著性水平 0.001 下证明季节性的存在				
稳定季节性非参数检验（原假设：无季节性影响）				

续表

Kruskal – Wallis 统计量	自由度	概率水平
79. 275 2	11	0
在显著性水平 0.01 下证明季节性的存在		
移动季节性 F 检验（原假设：年变化无影响）		

	平方和	自由度	均方	F 值
年度间	352. 390 2	20	17. 619 508	2. 502 * *
误差	1 549. 152 1	220	7. 041 6	
在显著性水平 0.01 下证明存在移动季节性				

　　小麦价格序列的季节成分序列如图 8 – 7 所示，季节性成分在 1971 年对价格影响最大，之后影响慢慢减弱，1978 年的影响最小，1978 年之后影响有所回升。近些年，季节性成分保持在一个比较稳定的水平，即对价格的影响比较稳定。当季节性成分大于 1 时，表明季节性因素对小麦价格有正向影响即扩张波动，小于 1 时表明有负向影响即收缩波动。

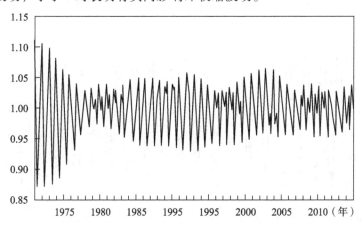

图 8 – 7　小麦价格季节性成分序列

　　大米价格序列的季节成分序列如图 8 – 8 所示，可以看出，季节性成分从 1989 年开始对价格影响逐渐增大，在 1993 年影响达到最大，之后影响慢慢减弱。2002 年开始，正向影响的程度减弱但是月份增加，说明季节性成分对价格的影响更加明显。近些年，季节性成分波动保持在一个比较稳定的水平，即对价格的影响比较稳定。

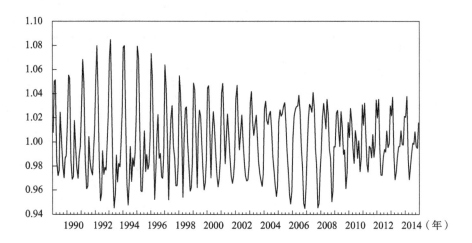

图 8 - 8　大米价格季节性成分序列

玉米价格序列的季节成分序列如图 8 - 9 所示，可以看出，季节性成分对价格的影响在 1994 年最大，之后逐渐减少，2001 年季节性成分影响最小。在之后的几年，季节性成分比较稳定，即对价格的影响比较稳定。

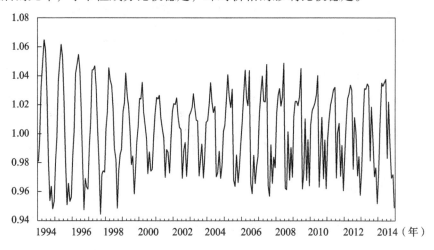

图 8 - 9　玉米价格季节性成分序列

三种粮食的季节因子变化模式分别如图 8 - 10、图 8 - 11、图 8 - 12 所示（注：其中纵轴的数字表示百分比，波浪线表示季节因子，水平线表示某个月份季节因子的平均值）。可以看出季节因素使得小麦价格在 1 月、2 月、10 月、11 月、12 月价格上涨，6 月、7 月、8 月价格下跌，而在 3 月、4 月、5 月和 9 月比较稳定；季节因素使得大米价格在 1 月、2 月、3 月、6 月、7 月价格上涨，4 月、5 月、8 月、9 月、10 月、11 月价格下跌，12 月比较稳定；季节因素使得玉米价格在 2 月、3 月、4 月、5 月、6 月价格上涨，7 月、8 月、9 月、10 月、11 月、12 月价格下跌，1 月比较稳定。这与它们各自的生长周期基本保持了一致。

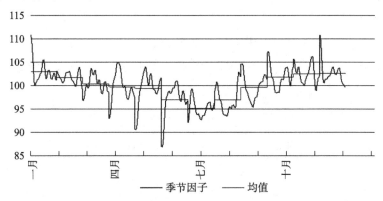

图 8-10　小麦价格季节因子变化模式

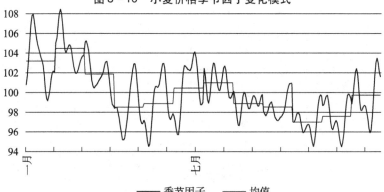

图 8-11　大米价格季节因子变化模式

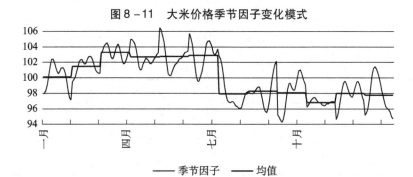

图 8-12　玉米价格季节因子变化模式

（2）方差相对贡献度分析

表8-7、表8-8和表8-9分别表示的是三个粮食的不规则因素、趋势因素和季节因素对价格波动变化的影响程度。由表8-7到表8-9可以看出，不规则因素、趋势因素和季节因素三者共同决定了粮食价格在短期内的变化，这三个因素的影响程度接近，其中趋势因素比重相对比较大，季节因素对价格的短期变化也起到重要作用，从长期来说，价格波动的变化是由趋势因素决定的。粮食价格波动的整体规律是：随着时间的推移，不规则因素和季节因素的作用逐渐减弱，而趋势作用逐渐增强。

表8-7　各因素对小麦价格变化的相对贡献度

间隔月数	不规则因素（%）	趋势因素（%）	季节因素（%）
1	32.31	38.49	29.19
2	14.02	57.56	28.42
3	7.25	68.65	24.10
4	3.78	75.71	20.51
5	2.78	79.80	17.42
6	2.14	83.42	14.43
7	2.42	86.55	11.03
8	1.86	90.11	8.03
9	1.31	93.28	5.41
10	1.10	95.64	3.26
11	0.99	97.87	1.14
12	1.29	98.64	0.07

表8-8　各因素对大米价格变化的相对贡献度

间隔月数	不规则因素（%）	趋势因素（%）	季节因素（%）
1	21.02	42.32	36.66
2	9.19	58.44	32.36
3	4.42	70.98	24.60
4	2.54	79.78	17.68

间隔月数	不规则因素（%）	趋势因素（%）	季节因素（%）
5	2.19	84.60	13.21
6	1.75	87.72	10.53
7	1.59	89.63	8.78
8	1.21	91.30	7.49
9	1.00	92.60	6.40
10	0.79	95.07	4.14
11	0.76	97.88	1.36
12	0.95	98.93	0.11

表 8-9　各因素对玉米价格变化的相对贡献度

间隔月数	不规则因素（%）	趋势因素（%）	季节因素（%）
1	33.22	45.21	21.56
2	13.18	70.55	16.26
3	6.86	79.84	13.30
4	4.29	82.17	13.55
5	2.74	85.28	11.98
6	2.64	86.95	10.40
7	1.58	90.51	7.91
8	1.86	92.56	5.58
9	1.35	95.63	3.02
10	1.26	97.02	1.72
11	1.03	98.14	0.84
12	1.26	98.69	0.05

8.6　本章小结

本章主要研究分析的是小麦、大米和玉米这三种粮食价格的季节存在性以及季节因子具体的影响程度和模式，同时研究了趋势因素和不规则因素对粮食价格的影响，得出的结论如下：第一，三种粮食价格序列经过季节调整后更加平滑，而且不存在残余的季节性因子，说明季节调整效果好；第二，粮食价格都具有比较明显的季节性波动，并且与它们各自的生长周期保持了一致；第三，不规则因素、趋势因素和季节因素三者共同决定了粮食价格的短期波动，而价格的长期变化是由趋势因素决定的。

本章参考文献

[1] 戴春芳，贺小斌，冷崇宗. 改革开放以来我国粮食价格波动分析 [J]. 价格月刊，2008 (6)：5 – 12.

[2] PIESSE J. Three Bubbles and a Panic：an Explanatory Review of Recent Food Commodity Price Events [J]. Food Policy, 2009 (34)：119 – 129.

[3] TIMMER P. Reflection on Food Crisis Past [J]. Food Policy, 2010 (35)：2 – 11.

[4] 董智勇，王双进. 粮食价格波动态势及调控对策 [J]. 宏观经济管理，2013 (7)：53 – 55.

[5] 金三林，张江雪. 国际主要农产品价格波动的特点及影响因素 [J]. 经济纵横，2012 (3)：29 – 36.

[6] 曹慧. 中国小麦价格的周期变化特征及其原因分析 [J]. 世界农业，2007 (4)：29 – 32.

[7] Baharom Abdul Hamid, et al. The Volatility of Thai Rice Price [DB/OL]. [2009 – 01 – 13]. http：//mpra. ub. uni – muenchen. de/14113/.

[8] 邓宏亮，黄太洋. 我国粮食价格波动的实证分析 [J]. 统计与决策，2013 (24)：91 –95.

[9] 苗珊珊. 大米市场价格波动态势及周期型特征分析 [J]. 华中农业大学学报，2014 (2)：68 – 73.

[10] 刘艳芳. 基于谱分析的中国食糖产量和价格周期波动 [J]. 中国糖料，2012 (4)：45 – 47.

[11] 方伟，林伟君，万忠. 稻米市场价格波动是否存在异常性的经济学评判：基于 X – 12 和 H – P 方法调整与测算 [J]. 中国农业大学学报，2013 (2)：211 – 219.

[12] 刘锐金，魏宏杰，莫业勇. 基于小波分析的价格周期识别：以天然橡胶和合成橡胶价格为例 [J]. 数学的实践与认识，2012 (20)：8 – 46.

第9章 粮食价格的周期性波动分析

粮食价格作为经济时间序列，其波动受到宏观经济、季节因素、突发事件等因素的影响，呈现一定的周期性。本章先从直观角度对粮食价格波动的周期性进行判断，然后运用谱分析和小波分析两种方法对周期性进行实证研究。

9.1 周期性分析方法的介绍

（1）谱分析。

谱分析核心思想是对时间序列进行有限的傅里叶变换，将原始序列分解成一系列正弦和余弦波的组合，它是研究时间序列周期变动的实用方法。x_t 为样本时间序列，其中 $t = 1，\cdots，n$。x_t 的傅里叶变换分解为：

$$x_t = \mu + \sum_{k=1}^{m} [a_k \cos(\omega_k t) + b_k \sin(\omega_k t)] \tag{9.1}$$

其中，a_k、b_k 为傅里叶系数，ω_k 为傅里叶频率：$\omega_k = 2k\pi/n$，ω_k 对应的周期 $T = n/k$，m 为频率个数：若 n 为偶数，$m = n/2$；n 为奇数时，$m = (n-1)/2$，μ 为常数项。

利用最小二乘法估计模型中的参数，其估计值为：

$$\begin{cases} \overline{\mu} = \overline{x}，\quad \overline{x} = \left(\dfrac{1}{n}\right) \sum_{t=1}^{n} x_t \\[2mm] \overline{a_k} = \left(\dfrac{2}{n}\right) \sum_{t=1}^{n} x_t \cos(\omega_k t) \quad k = 1，2，\cdots，m \\[2mm] \overline{b_k} = \left(\dfrac{2}{n}\right) \sum_{t=1}^{n} x_t \sin(\omega_k t) \quad k = 1，2，\cdots，m \end{cases} \tag{9.2}$$

傅里叶系数 a_k、b_k 的函数对频率或波长的散点图可形成周期图,振幅周期图 $J_k = \dfrac{n}{2}(a_k^2 + b_k^2)$,可以看作是第 k 个调和频率 ω_k 对总平方和的贡献度。

(2)小波分析。

小波变换是利用一组带通滤波器对选择的变量进行自适应滤波,即可以选择合适的尺度参数以及平移参数。与傅里叶分解相比,小波变换能从时域和频域两方面同时分析时间序列。其就是运用基小波的不同变换,将序列分解成波动频率不同的各项成分,然后分别分析不同频率下的各成分。对于一个基小波 $\varphi(t)$,通过对 $\varphi(t)$ 进行平移和伸缩的变换,得到公式:

$$\varphi(t) = \frac{1}{\sqrt{|a|}}\varphi\left(\frac{t-b}{a}\right),\ a,\ b \in R;\ a \neq 0 \qquad (9.3)$$

对于任意的函数 $f(t) \in L^2(R)$,其连续小波变换的公式为:

$$W_f(a,b) = <f, \varphi_{a,b}> = |a|^{\frac{1}{2}}\int f(t)\varphi\left(\frac{t-b}{a}\right)\mathrm{d}t \qquad (9.4)$$

公式(9.4)中,$W_f(a,\ b)$ 是变换后的小波系数,其中 a 是尺度因子,b 是时间因子,a、b 两因子的变化反映了序列时频两部分的变换,是变换关键所在。小波变换系数的平方值在 b 域上的积分,就是小波方差,公式为:

$$W_f(s) = \int_{-\infty}^{+\infty}|W(a,\ b)|^2\mathrm{d}b \qquad (9.5)$$

小波方差图就是小波方差值在 a 变化的基础上形成的,它反映的是小波能量在不同频率中的分布,其中波动能量峰值的时间尺度代表了数据变化的周期长度。

9.2 粮食价格周期性波动的直观分析

(1)小麦价格周期性波动的直观分析。

美国硬红冬小麦在 1971 年 1 月至 2014 年 12 月的价格走势如图 9 - 1 所示。

从图 9 - 1 可以看出,小麦价格走势存在着明显的周期性,大致分为以下五个周期。

第一个周期是 1971 年 1 月至 1976 年 12 月。其中 1972 年 1 月至 1974 年 3

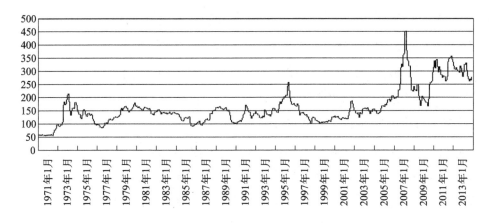

图 9 - 1　1971 年 1 月至 2014 年 12 月美国硬红冬小麦现货月度价格变化

月价格迅速攀升，这主要是由于在 20 世纪 70 年代初，连续恶劣气候和自然灾害导致小麦大量减产，以及当时苏联改变过去屠宰牲畜以降低粮食需求的做法，进入国际粮食市场，大量购买粮食，恶意屯粮，这些引起粮食供求关系的紧张。1974 年 4 月至 1976 年 12 月，粮食供求的紧张关系缓解，价格震荡下跌。

　　第二个周期是 1977 年 1 月至 1986 年 8 月。1978 年小麦又受到减产的影响，价格上升，直至 1981 年情况所有缓解，小麦价格波动下降。这主要由于世界小麦产量增加。

　　第三个周期是 1986 年 9 月至 2000 年 4 月。在这一阶段，小麦价格波动上升，到 1996 年年初达到了阶段性顶点，价格上升的主要原因首先是乌拉圭回合谈判达成的《农业协议》的签订，各与会国调整了自身的农业政策，减少了对农产品方面的价格支持以及出口补贴等，其次是欧美等国的经济复苏回暖以及东亚和拉美经济的迅速发展拉动了粮食价格的上涨。1996 年粮食价格开始下降，直至 2001 年，这主要是供大于求造成的。在供给方面，经济发达的农业大国对粮食实行补贴，造成了出口的过剩，经合组织的《2003 ~ 2008 年农业展望》报告中指出，一些国家的农业补贴占总收入的 25%，而冰岛等国家占比达到了 60%。对应的需求方面，苏联地区的经济持续衰退，发展中国家对农产品需求的变化以及环保标准、检疫卫生等非关税壁垒的存在使得粮食的需求减少。

　　第四个周期是 2000 年 5 月至 2010 年 6 月。在 2007 年以前，小麦价格波动上涨，上涨幅度不大，上涨的主要原因是小麦的产量减少，消费增加；2007年7月至2008年5月，粮食价格迅速攀升，主要原因首先是国际粮食供求的失衡，全球气候变暖，主要的粮食产地如澳大利亚、欧盟、美国等遭遇旱灾，这也是粮食价格上涨的直接原因，印度、俄罗斯等国为了保证国内的供应限制了粮食的出口，全球粮食储备减少；其次是石油价格提高和生物质液体燃料发展，其表现在两方面，一是能源价格的提高增加了粮食的生产成本，二是提高了粮食的需求；最后是国际资本的投资，这对粮食价格上涨起到了一定的推动作用。2007年以来，证券、债券等投资产品在次债危机的影响下，风险进一步增大，"热钱"流入粮食市场。2008年6月至2010年6月，粮食价格快速下跌，原因之一是上一阶段价格上涨过快，加上世界粮食增产，最重要的是美国强化对商品期货市场的监管，投机资本流出商品期货市场，粮食价格快速下跌。

第五个周期是2010年7月至2014年12月。在2010年8月至2012年6月，粮食价格在波动中上升，从美国和欧盟公布的经济指标来看，那段时间的经济复苏不稳定；中东、北非的局势较动荡，推动了国际油价的大幅走高，带动相关农产品价格的上升；同时美、俄等粮食主产区遭遇了旱涝灾害，影响了小麦等的生长。2012年6月至2014年12月，粮食价格总体呈现下跌的态势，主要原因是粮食产量创新高，全球的粮食库存维持高位。

（2）大米价格周期性波动的直观分析。

图9-2是泰国100%B级大米现货月度价格走势情况。

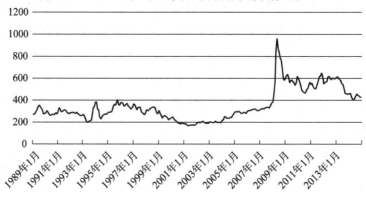

图9-2　1989年1月至2014年12月泰国100%B级大米现货月度价格变化

从图 9 - 2 可以看出，大米价格的波动大致分为以下四个周期。

第一个周期是 1989 年 1 月至 1994 年 7 月。这一段时间大米市场处于产不足需的阶段，但是国际库存的缓慢释放，弥补了这一缺口，大米价格在稳中有降；1993 年下半年开始，大米价格急剧拉升，主要的原因还是产量的减少，以及大米储备的不足。

第二个周期是 1994 年 8 月至 2001 年 10 月。在这一阶段，由于需求大于供给带来了大米价格的持续上涨，同时世界大米的生产规模继续扩大，从 1996 年开始大米的产量超过消费，并在 1999 年达到峰值，大米市场处于供给过剩的阶段，价格开始大幅下跌。

第三个周期是 2001 年 11 月至 2010 年 7 月。从 2001 年到 2004 年，大米的产量虽然有所下跌，但是前期库存的释放延缓了价格的上涨。2005 年至 2007 年上半年，大米价格的上涨刺激了生产，产量有所增加。2007 年 7 月至 2008 年 5 月，大米价格迅速攀升，主要原因首先是国际粮食供求的失衡，全球气候变暖，主要粮食生产国大幅减产；其次是美元贬值，国际资本投机进入粮食市场。2008 年 6 月至 2010 年 6 月，粮食价格快速下跌，原因一是上一阶段价格上涨过快现在回落，二是世界粮食增产，最重要的是美国强化对商品期货市场的监管，国际游资流出商品期货市场，粮食价格快速下跌。

第四个周期是 2010 年 8 月至 2014 年 12 月。在前半段，大米价格波动上升，主要原因是世界经济不稳定，国际油价大幅走高，带动相关农产品价格的上升；2012 年 6 月至 2014 年 12 月，粮食价格总体呈现下跌的态势，主要原因是粮食产量创新高，比如大米的主要出口国泰国产量创新高，政府加大出口补贴鼓励大米出口，全球的粮食库存维持高位。

（3）玉米价格周期性波动的直观分析。

图 9 - 3 是美国 2 号黄玉米现货月度价格变化情况。

根据图 9 - 3 所示的玉米价格波动，大致可以分为以下三个周期。

第一个周期是 1994 年 1 月至 2004 年 9 月。从这一阶段开始，玉米价格上升，这是由于美国等主产国的产量下降，压缩了出口量，同时禽畜的发展也增大了玉米的需求。之后随着主产国的产量回升，玉米价格维持在一个比较稳定的低位。

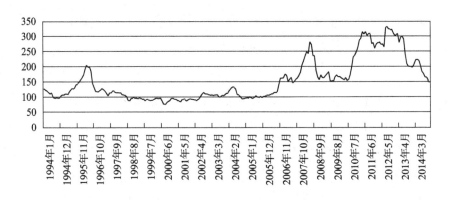

图 9 - 3　1994 年 1 月至 2014 年 12 月美国 2 号黄玉米现货月度价格变化

第二个周期是 2004 年 10 月至 2010 年 7 月。其中 2004 年 10 月至 2006 年 7 月，价格有小幅上涨，主要是因为产量的减少。2006 年 7 月后，玉米价格有明显的上升趋势，工业需求强劲是其主要的原因，生物燃料发展迅猛，而玉米是生物燃料的重要原料。2007 年 8 月至 2008 年 7 月，玉米价格迅速攀升，主要原因与前两种粮食品种一致，首先是粮食生产国大幅减产造成的国际粮食供求的失衡；其次是国际游资流入商品期货市场。2008 年 6 月至 2010 年 6 月，粮食价格快速下跌，原因一是上一阶段价格上涨过快，二是世界粮食增产，最重要的是强化对商品期货市场的监管。

第三个周期是 2010 年 8 月至 2014 年 12 月。在前半段，玉米价格大幅走高，超过前期的高点，主要的原因是产量增幅有限，但是饲料产业、生物能源等对玉米的需求迅猛增长。2012 年下半年开始，玉米价格暴跌，主要是因为前期高价刺激种植面积的增加，同时生物能源的补贴政策取消，大幅减少了对玉米的需求量。同时，美国玉米在国际市场上的需求被乌克兰以及俄罗斯的低价玉米挤占。

以上的周期分析只是对数据走势的直观判断，具有比较大的主观性，而且缺乏一定的数理依据，下面将分别运用谱分析和小波分析两种方法对粮食价格的周期性做出证明和分析。

9.3　粮食价格周期性波动的实证分析

9.3.1　谱分析过程

（1）小麦价格波动周期性分析。

对研究周期内的小麦价格进行谱分析，分别得到频率－样本周期图（图9－4）和周期－样本周期图（图9－5）。

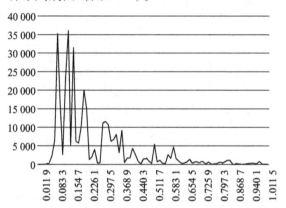

图9－4　小麦价格：频率－样本周期图

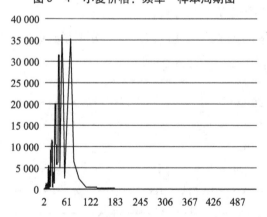

图9－5　小麦价格：周期－样本周期图

由图9－4和图9－5可以看出，在样本观察的时间范围内，小麦价格主要存在的是44个月和66个月的循环周期，其在图9－4的频率0.142 8、频率0.095 2和图9－3的周期44个月和66个月处，样本周期图都处于最高峰位置，同时，从图9-5可以看出，除去这两个主要的峰值，还存在一些次要峰值。

表9-1列出了小麦价格样本周期图中贡献度最大的10个频率以及对应的周期。

表9-1　小麦价格谱分析和傅里叶系数估计

	频率	周期	Cos 系数	Sin 系数	P 值	贡献度（%）
1	0.095 2	44.0	-7.099 1	-9.117 41	35 250.46	9.640 595
2	0.107 1	66.0	-6.216 3	-4.990 04	167 75.41	4.587 882
3	0.130 9	37.7	-2.826 8	8.904 01	230 39.89	6.301 145
4	0.142 8	48.0	11.641 1	1.184 71	361 46.32	9.885 603
5	0.166 6	29.3	7.273	-8.145 02	314 78.67	8.609 054
6	0.214 2	58.7	-1.714 6	8.546 89	200 61.11	5.486 483
7	0.226 1	27.8	4.750 8	5.880 7	150 88.26	4.126 466
8	0.297 5	20.3	6.392 6	-1.148 01	111 36.45	3.045 691
9	0.309 4	21.1	2.668 6	-6.047 98	115 36.61	3.155 13
10	0.321 3	19.6	-3.843 2	-5.055 29	106 46.13	2.911 594

表9-1中的10个周期的总贡献度达到了57.7%，除了贡献度最大的44个月外，还存在两个重要的周期：66个月，37.71个月，这三个周期对样本的贡献分别为9.89%，9.64%，8.60%。

（2）大米价格波动周期性分析。

对研究周期内的大米价格进行谱分析，分别得到频率-样本周期图（图9-6）和周期—样本周期图（图9-7）。

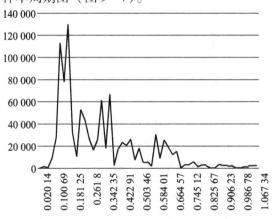

图9-6　大米价格：频率-样本周期图

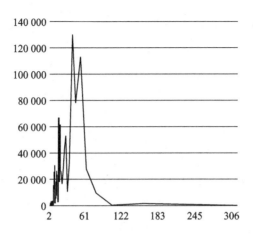

图 9－7　大米价格：周期－样本周期图

从图 9－6 和图 9－7 可以看出，在观察范围内，39 个月和 52 个月是大米价格的主要波动周期，其在图 9－6 的频率 0.161 1、频率 0.120 83 和图 9－7 的周期 39、53 个月处，样本周期图都处于最高峰位置。同时，从图 9－7 可以看出，除去这两个主峰，还存在一些次要的峰值。

表 9－2 给出了大米样本周期图中贡献度最大的 10 项。

表 9－2　大米价格谱分析和傅里叶系数估计

	频率	周期	Cos 系数	Sin 系数	P 值	贡献度
1	0.100 69	62.4	－0.969	－13.293 7	277 15	2.658 898
2	0.120 83	52.0	－25.978 7	－7.049 2	113 034.7	10.844 22
3	0.140 97	44.6	－11.816 3	18.988 7	780 30.48	7.486 02
4	0.161 11	39.0	23.767 3	16.371 2	129 932.7	12.465 37
5	0.181 25	34.7	6.310 8	－13.003 5	325 91.25	3.126 711
6	0.221 52	28.4	5.452 2	17.613	530 31.11	5.087 653
7	0.241 66	26.0	12.975 1	10.518	435 20.95	4.175 275
8	0.322 21	19.5	19.759 8	－1.810 2	614 21.05	5.892 559
9	0.362 49	17.3	－20.675 5	－0.712 2	667 65.26	6.405 268
10	0.584 01	10.8	－13.535	－3.554 6	305 49.82	2.930 862

表 9－2 中的 10 个周期对样本方差的总贡献度达到了 76%，其中 39 个月和 52 个月两个周期对样本的贡献分别达到了 12.47%，10.84%。

（3）玉米价格波动周期性分析。

对研究周期内的玉米价格进行谱分析，分别得到频率–样本周期图（图9–8）和周期–样本周期图（图9–9）。

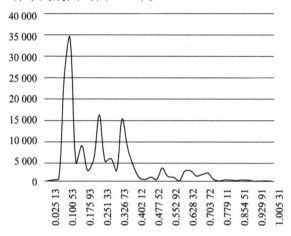

图9–8　玉米价格：频率–样本周期图

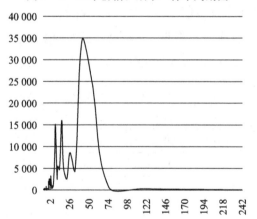

图9–9　玉米价格：周期–样本周期图

从图形可以看出，在考察期内，玉米价格存在着50个月的周期，其在图9–8的频率0.126和图9–9的周期50个月处，样本周期图都处于最高峰位置。同时，从图9–9可以看出，除去50个月的主峰，还存在一些次要的峰值。表9–3给出了玉米价格样本周期图中贡献度最大的10项。

表 9 - 3　玉米价格谱分析和傅里叶系数估计

序号	频率	周期	Cos 系数	Sin 系数	P 值	贡献度
1	0.100 53	62.5	- 12.206 5	- 7.174 17	250 58.29	15.281 82
2	0.125 66	50.0	- 13.615 4	9.576 82	346 36.95	21.123 37
3	0.150 8	41.7	5.565 2	1.926 15	433 5.23	2.643 843
4	0.175 93	35.7	3.071 9	- 7.687 85	856 7.48	5.224 884
5	0.226 19	27.8	0.922 8	6.351 92	514 9.8	3.140 609
6	0.251 33	25.0	9.395 8	6.267 28	159 44.96	9.724 046
7	0.276 46	22.7	4.859 5	3.744 73	470 4.66	2.869 14
8	0.301 59	20.8	5.195 1	4.055 87	542 9.84	3.311 392
9	0.351 86	17.9	- 5.040 6	- 9.723 36	149 93.98	9.144 09
10	0.376 99	16.7	- 7.052	3.496 67	774 4.66	4.723 087

表 9 - 3 中的 10 个周期总贡献度达到了 77%，除 50 个月这个周期外，还存在两个比较重要的周期：62.5 个月，25 个月。对于上述 3 个周期，25 个月可以视为玉米价格的短周期，50 个月和 62.5 个月可以看作是玉米价格的中周期，而且 50 个月的中周期刚好包含了两个 25 个月的短周期。这三个周期对样本的贡献分别为 22.12%，15.28%，9.72%。

由以上的分析也可以看出，三种粮食价格的波动并不是一个简单的周期运动，而是多个周期运动的复合。

9.3.2　小波分析过程

小波分析中的基函数种类较多，而且不同的基函数对分析不同的信号特征有着各自的优势，因此，对小波分析方法的运用来说，其关键是选择正确的小波函数。一般来说，coifN、symN 和 dbN 三个小波簇比较适合经济时间序列。因此，选择这三个小波簇对粮食价格序列进行小波分解和重构，比较重构后的序列与原始序列的误差，选取误差最小的作为本章分析的基小波函数。

表 9 - 4　小波基小波分解重构误差表

小波基	小波基 1	小波基 2	小波基 3	小波基 4	小波基 5	小波基 6
coif	2.55E - 09	3.16E - 08	1.58E - 09	7.32E - 08	1.66E - 05	
sym	2.61E - 12	1.68E - 09	2.04E - 08	1.41E - 09	4.93E - 10	2.26E - 09
db	2.61E - 12	1.68E - 09	2.04E - 08	3.83E - 09	5.84E - 09	3.76E - 09

通过比较可以看出，分解重构后误差较小的是 symN 和 dbN 系小波，尤其是 sym1、db1 这两种小波函数，在分解重构后误差最小。但是一般来说这两者的消失矩较低，即小波函数支撑长度短，相对来说更适用于奇异性强的序列，而价格序列的波动相对来说比较平缓，不具有明显的奇异性，因此不适用于文中的价格序列。综上，本章选择 sym5 作为基小波，对三种粮食价格序列进行小波变换得到小波变换的幅值图。在幅值图（图 9 - 10）中，纵轴代表序列的周期变化尺度。当尺度小于 5 时，主要存在的是黑色区域，表明不能显示周期性特征；当尺度大于 5 时，幅值图开始出现白色部分，且呈现黑白相间的图案，这表明存在周期性的特征，当尺度大于 10 时，黑白区域相间的特征就更加清晰，说明周期性特征明显。将小波变换的幅值图和小麦价格走势图（即图 9 - 10 和图 9 - 1）相比较，可以看出，幅值图中比较白的部分对应的是小麦价格波动的较高值，而且可以看出图后边部分区域的黑白间隔特别明显，这说明在此区间内小麦价格波动的奇异性相对较强。

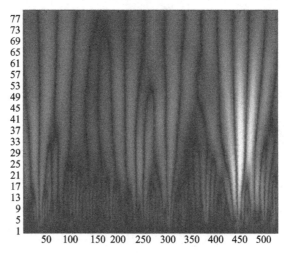

图 9 - 10　小麦价格序列变换幅值

（1）小麦价格波动周期性分析。

下面通过小波系数等值线图（图 9 - 11）进一步研究小麦价格的周期性。

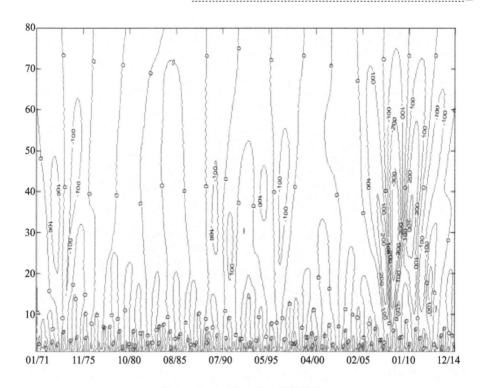

图 9 - 11　小麦价格序列等值线

在小麦价格等值线图中，正值代表的是小麦的高价，负值代表的是小麦的低价，而图 9 - 11 中多次出现了正值和负值的间隔波动，两个相同的方向值的波动中心的距离就可以看作是价格波动的频率长度，即为价格的周期长度。当尺度在 30 ~ 50 时，出现了多个中心，其中 1972 年年中、1991 年年初、1994 年年末、2007 年年中、2010 年年初为高值中心，1973 年下半年、1989 年年末、1996 年年中、2008 年年初以及 2013 年下半年为低值中心。两个低值或两个高值之间的时间距离即为周期长度，大致判断小麦价格存在着 3 年、7 年左右两个不等的周期。为进一步证明研究的结果，计算小波方差并做出小波方差图。

从小麦价格小波分析方差图（图 9 - 12）可以明显看出，有一个明显的峰值，其对应的是横坐标的 37 个月，表明在 37 个月的周期尺度下价格序列波动强烈，是主要周期。

（2）大米价格波动周期性分析。

对大米价格序列进行小波分析，也是选择 sym5 作为基小波，对大米价格

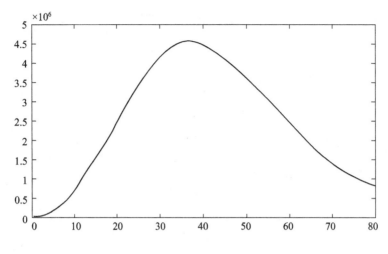

图 9-12　小麦价格的小波方差

序列进行一维连续小波变换得到小波变换幅值图（图 9-13）。同小麦一样，大米的变换幅值图中，当尺度小于 5 时不能显示周期性特征；当尺度大于 5 时，大米价格序列周期性特征慢慢显露；当尺度大于 10 时，黑白区域相间的特征就更加清晰，说明周期性特征明显。将小波变换的幅值图和大米价格走势图（图 9-13 和图 9-2）相比较，可以看出，幅值图中比较白的部分对应的是大米价格波动的高点。

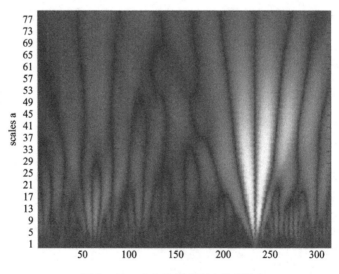

图 9-13　大米价格序列变换幅值

在大米价格等值线图（图9-14）中当尺度在 20~40 时，出现了多个中心，其中 2007 年上半年、2011 年上半年出现了高值中心，2008 年下半年以及 2013 年上半年出现了低值中心。两个低值或两个高值之间的时间距离即为周期长度，大致判断大米价格存在着 50 个月左右的周期。为进一步证明研究的结果，计算小波方差并做出小波方差图（图9-15）。

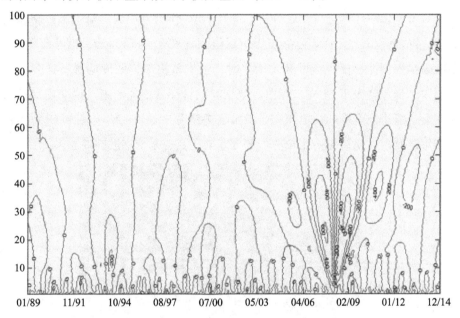

图9-14　大米价格序列等值线

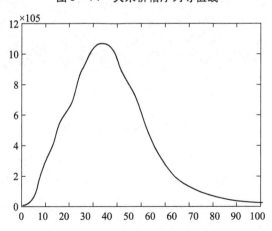

图9-15　大米价格的小波方差

从大米价格小波分析方差图可以明显看出，有一个明显的峰值，其对应的是横坐标的 34 个月，表明在 34 个月的周期尺度下价格序列波动强烈，是主要周期，这与从等值线图判断有出入，主要原因是等值线图中只出现了一段正负相间的波动，而小波方差图是对整个研究周期的判断。

（3）玉米价格波动周期性分析。

对玉米价格序列进行小波分析，选择 sym5 作为基小波。对玉米价格序列进行一维连续小波变换得到小波变换幅值图（图 9 - 16）。当尺度小于 5 时，不能显示周期性特征；当尺度大于 5 时，玉米价格序列的周期性特征开始表现出来；当尺度大于 15 时，黑白区域相间的特征就更加清晰，说明周期性特征明显。将小波变换的幅值图和玉米价格走势图（图 9 - 16 和图 9 - 3）相比较，可以看出，幅值图中比较白的部分对应的是玉米价格波动的高点。

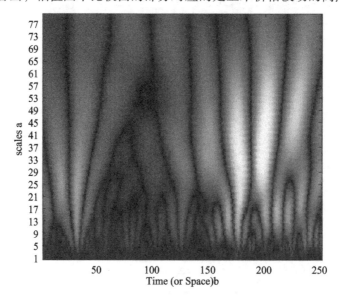

图 9 - 16　玉米价格序列变换幅值

在玉米价格等值线图（图 9 - 17）中，当尺度在 25 ~ 50 时，出现了多个中心，其中 1995 年下半年、1997 年初，2006 年下半年，2010 年上半年为高值中心，1996 年下半年、2004 年年中，2008 年初以及 2012 年年中为低值中心；当尺度为 15 左右时，其存在几个弱值中心，分别在 2007 年初，2011 年初，2012 年年中以及 2013 年年中。两个低值或两个高值之间的时间距离即为

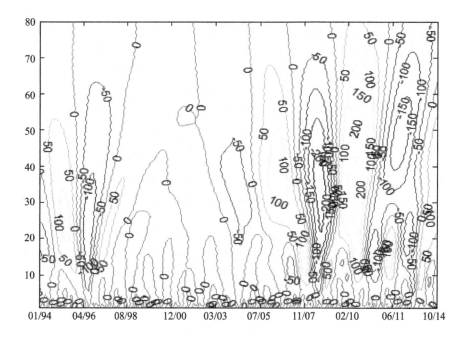

图 9-17　玉米价格序列等值线

周期长度，可以看出，玉米价格存在着 40 个月的强周期以及 15 个月的弱周期。为进一步证明研究的结果，计算小波方差并做出小波方差图（图 9-18）。

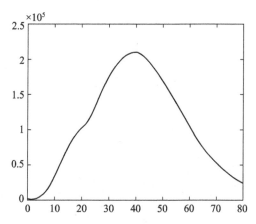

图 9-18　玉米价格的小波方差

从玉米价格小波分析方差图可以明显看出，有一个明显的峰值，其对应的是横坐标的 40 个月，表明在 40 个月的周期尺度下价格序列波动强烈，是主要周期。图9-18中横坐标15个月处对应的方差略有凸起，但没有形成明显的峰值，予以忽略。

9.4　本章小结

粮食作为一种商品，其交易遵循价值规律，从而粮价的波动呈现出一定的周期性。同时，粮食价格也受到非市场因素的影响，包括政策，尤其是粮食出口大国的政策变化、期货的炒作、气候的变化等，这些因素都会引起粮价的波动。粮价的形成可以看作是各因素的综合影响的结果。因此，粮价波动规律不是简单的周期运动，而是各方面共同作用的结果，是多个周期共同博弈的复合。

本章的研究结果表明，三种粮食价格的主要周期在3~4年，同时这与农民依价格对粮食的生产进行调整有关。对于现在的粮食市场来说，不同因素对粮食价格带来了不同长度的周期的影响，而在这些周期的复合影响下，粮食价格波动呈现出多周期性的特征。随着粮食金融化的不断发展，粮价的不稳定性也越来越强，未来的粮食周期有着越来越短的趋势。

第10章　粮食价格预测分析

10.1　小麦价格预测分析

选取 1971 年 1 月至 2012 年 12 月的小麦价格月度数据作为模型训练部分，共 504 个数据；选取 2013 年 1 月至 2014 年 12 月的数据作为模型测试部分，共 24 个数据。

采用正则均方误差（NMSE）、平均绝对百分比误差（MAPE）以及 Theil 不相等系数（U）这三个指标来对模型的预测精度进行评价；采用方向对称值（DS）指标评价模型对走势的判断能力。这四个评价指标的计算公式分别如下：

$$NMSE = \frac{1}{n\delta^2}\sum_{t=1}^{n}(y(t) - \widehat{y}(t))^2, \ 其中, \ \delta^2 = \frac{1}{n-1}\sum_{t=1}^{n}(y(t) - \overline{y(t)})^2 \quad (10.1)$$

$$MAPE = \frac{1}{n}\sum_{t=1}^{n}\left|\frac{y(t) - \widehat{y}(t)}{y(t)}\right| \quad (10.2)$$

$$U = \frac{\sqrt{\frac{1}{n}\sum_{t=1}^{n}(y(t) - \widehat{y}(t))^2}}{\sqrt{\frac{1}{n}\sum_{t=1}^{n}(y(t))^2} + \sqrt{\frac{1}{n}\sum_{t=1}^{n}(\widehat{y}(t))^2}} \quad (10.3)$$

$$DS = \frac{1}{n}\sum_{i=1}^{n}d_i, \ d_i = \begin{cases} 1 & 当 \ (y(t) - y(t-1))(\widehat{y}(t) - y(t-1)) \geqslant 0 \\ 0 & 当 \ (y(t) - y(t-1))(\widehat{y}(t) - y(t-1)) \leqslant 0 \end{cases} \quad (10.4)$$

对于一个预测方法的评价，预测精度的三个指标 NMSE、MAPE 和 U 值越小，而预测走势的指标 DS 值越大，则说明预测效果越好。

10.1.1 小麦价格序列的分解与重构

对 1971 年 1 月至 2012 年 12 月的美国硬红冬小麦的现货价格进行 EEMD 分解，分解出 8 个本征模函数 IMF 分量和一个剩余分量 R，分解结果如图 10-1 所示。

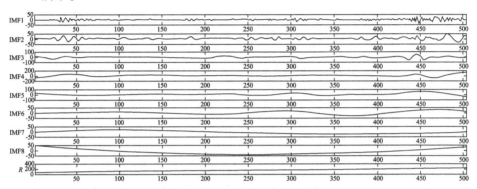

图 10-1 小麦价格的 EEMD 分解结果

IMF1 至 IMF8 是从高频率逐渐减缓到低频率的本征模函数（IMF），R 是去除 IMF 各项后的剩余分量，根据 EEMD 方法的分解原来说，剩余分量 R 代表序列波动的长期趋势，因此把 R 单独归为趋势项 y_4。然后计算各 IMF 之间的灰色关联度，可以得到 8 个分量的关联度系数结果如表 10-1 所示。

表 10-1 灰色关联度系数表（综合关联度）

	IMF1	IMF2	IMF3	IMF4	IMF5	IMF6	IMF7	IMF8
IMF1	1.000							
IMF2	0.882	1.000						
IMF3	0.747	0.748	1.000					
IMF4	0.740	0.737	0.829	1.000				
IMF5	0.746	0.723	0.967	0.801	1.000			
IMF6	0.700	0.736	0.792	0.719	0.775	1.000		
IMF7	0.660	0.703	0.666	0.632	0.655	0.775	1.000	
IMF8	0.777	0.856	0.709	0.692	0.690	0.806	0.781	1.000

8 个本征模函数分类既考虑到它们之间的关联度系数，又考虑到它们自身的波动频率，将关联度系数高且波动频率相近的归为一项。

由图 10 - 2 可以看出，在同时考虑关联度和波动频率的基础上，本章的 8 个本征模函数可分为三类，IMF1、IMF2 归为一类，IMF3、IMF4 和 IMF5 归为一类，IMF6、IMF7 和 IMF8 归为一类。因此，本章将 8 个本征模函数重构成高频、中频、低频三个序列，其中 IMF1 和 IMF2 叠加为高频序列 y_1，IMF3、IMF4 和 IMF5 叠加为中频序列 y_2，IMF6、IMF7 和 IMF8 叠加为低频序列 y_3。

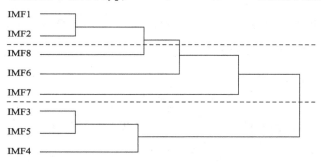

图 10 - 2　基于灰色关联度系数的聚类

根据灰色关联分析方法重构后的高、中、低频以及长期趋势项这四个序列和小麦价格原始序列的走势图如图 10 - 3 所示。

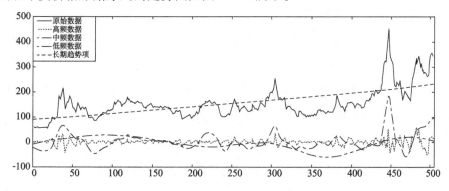

图 10 - 3　小麦价格序列和重构后的四个分量走势

重构后的高频项、中频项、低频项和长期趋势项的频率与振幅不相同，而针对序列波动特点的分析主要是从周期以及方差贡献率两个方面进行，其中周期是用序列的总个数除以极值点（极大值或者极小值选择其一）个数，其商代表序列的周期；方差贡献率则是运用各序列的方差与总体方差的比值来表示，即 $A_i = \xi_i / \xi$，ξ_i 为第 i 序列的方差，ξ 为小麦价格序列的方差。这四项的统计结果如表 10 - 2 所示。

表 10 −2　　各分项周期和方差贡献率

分项	高频项	中频项	低频项	长期趋势项
周期	4.42	26.52	168	—
方差贡献率（%）	4.29	33.34	15.88	43.23

由图 10 − 3 和表 10 − 2 可以看出，长期趋势项基本呈直线上升态势，不存在周期，其方差贡献率达到了 43.23%，这说明长期趋势项是小麦价格的主要部分，是小麦价格长期走势的关键因素。长期趋势项的走势与小麦价格基本保持一致，尽管在一些时候小麦价格因为某些因素的影响发生了波动，但是随着时间的增长，其影响的效果逐渐减弱，价格回到长期趋势价格附近。一般来说，小麦价格的长期走势是由世界经济水平决定的。

低频项的周期为 168 个月，方差贡献率为 15.88%。低频项可以看作是小麦价格波动的循环周期，这也是影响小麦价格波动的重要组成部分。

中频项的周期为 26.52 个月，方差贡献率为 33.34%。从图 10 − 3 可以看出，中频项序列的波动走势与原始价格波动基本一致，而且中频部分的每个剧烈波动点都对应着影响小麦价格波动的重大事件。例如，2007 年下半年（图 10 − 3 中 440 点），全球气候变暖，主要的粮食产地如澳大利亚、欧盟、美国等遭遇旱灾，国际粮食供求失衡，国际粮价迅速攀升。2008 年下半年之后，世界粮食增产，美国强化对商品期货市场的监管，"热钱"流出商品期货市场，粮价快速下跌。这说明，中频项主要反映的是重大事件下的小麦价格波动，主要是中短期的走势。

高频项的周期为 4.42 个月，其方差贡献率为 4.29%。这可以看作是季节因素的影响，一般经济时间序列比较容易受季节因素影响，而季节因素主要是从供给和需求两方面影响经济数据，尤其是小麦等粮食作物，其受到季节因素的影响更为明显。同时投机、心理等因素对价格的影响也体现在高频项的波动当中。

10.1.2　小麦价格的预测与对比

根据多尺度组合模型的构建步骤，对于重构后的各序列分别采用 BP 神经网络、SVM、ARIMA 模型以及线性回归方程进行预测，最后运用 SVM 集成各项预测值得到最终结果。各项预测的方法具体操作如下。

（1）运用 BP 神经网络对高频序列 $y_1(t)$ 进行预测，首先将高频数据归一化到 $[0，1]$ 区间，然后确定输入层节点数为 4，输出节点数为 1，隐含层神经元节点数为 5。

（2）运用 SVM 对中频序列 $y_2(t)$ 进行预测。首先，对低频数据进行归一化处理，选用最常用的 RBF 核函数，并通过交叉验证法确定最优参数 $c = 2.83$，$g = 1.62$，$\gamma = 3$，$\varepsilon = 0.01$。

（3）运用 ARIMA 模型对低频序列 $y_3(t)$ 进行预测，根据平稳性及自相关性检验，选用 ARIMA（2，1，2）模型。

（4）运用线性回归方程预测趋势序列 $y_4(t)$，其方程为 $y_4(t) = c + \alpha y_4(t-1)$。

（5）运用 SVM 集成方法对高频项、中频项、低频项以及趋势项的结果进行集成，将各项预测值和实际值分别作为输入值和输出值建立函数映射关系。其中最优参数为 $c = 0.5$，$g = 2.83$，$\gamma = 1$，$\varepsilon = 0.05$。

为了验证第 7 章提出的预测模型的有效性，以 2013～2014 年小麦的 24 个月度价格数据作为测试部分，并与灰色预测 GM（1，1）、BP 神经网络、SVM 方法、ARIMA 模型这些单模型方法，BP - SVM 组合模型以及基于 EMD 和 EEMD 分解的其他多尺度组合模型的预测结果进行比较分析。各模型预测效果如表 10 - 3 所示。

表 10 - 3　小麦价格预测效果比较

评价指标	第7章模型	GM (1，1)	BP神经网络	SVM	ARIMA	BP - SVM	EMD 组合	EEMD - 未重构组合	EEMD - 游程 - BP	EEMD - 游程 - SVM
NMSE	0.129	9.010	0.532	0.405	0.514	0.412	0.112	0.090	0.157	0.252
MAPE	0.013	0.192	0.046	0.035	0.043	0.039	0.018	0.017	0.015	0.022
U	0.010	0.117	0.025	0.022	0.025	0.022	0.012	0.011	0.011	0.017
DS（%）	87.5	37.5	54.2	58.3	58.3	54.2	70.8	70.8	75	66.7

从表 10 - 3 的预测结果可以看出，对于小麦价格的预测，从正则均方误差（NMSE）、平均绝对百分比误差（MAPE）、Theil 不相等系数（U）和方向

对称值（DS）等评价指标看，GM（1，1）、BP 神经网络、SVM 方法、ARI-MA 模型这些单模型方法效果比较差，组合模型和基于 EMD、EEMD 分解的其他多尺度组合模型效果较好，第 7 章构建的多尺度组合模型效果最优。尽管第 7 章模型的 NMSE 指标稍劣于基于 EEMD 分解的未重构组合模型，但是其他三个指标都优于未重构模型，而且第 7 章的重构模型减少了预测的计算量。第 7 章构建的模型对小麦价格方向走势的判断效果最好，明显优于其他模型。

10.2 大米价格预测分析

选取 1989 年 1 月至 2012 年 12 月的数据作为训练部分，共 288 个数据；选取 2013 年 1 月至 2014 年 12 月的数据作为测试部分，共 24 个数据。

10.2.1 大米价格序列的分解与重构

对 1989 年 1 月至 2012 年 12 月的泰国 100% B 级大米的现货价格进行 EEMD 分解，分解出 7 个本征模函数 IMF 分量和一个剩余分量 R，分解结果如图 10 - 4所示。

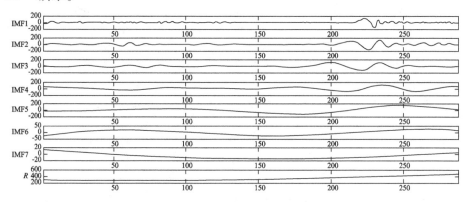

图 10 - 4 大米价格的 EEMD 分解结果

剩余分量 R 代表长期趋势，因此把 R 单独归为长期趋势项 y_4。然后计算各 IMF 之间的灰色关联度，可以得到 7 个分量的关联度系数结果如表 10 - 4 所示。

表 10 - 4　灰色关联度系数表（绝对关联度）

	IMF1	IMF2	IMF3	IMF4	IMF5	IMF6	IMF7
IMF1	1						
IMF2	0.872 888	1					
IMF3	0.853 624	0.962 584	1				
IMF4	0.859 324	0.957 059	0.830 109	1			
IMF5	0.765 17	0.819 886	0.798 211	0.744 54	1		
IMF6	0.843 711	0.939 77	0.911 985	0.889 138	0.835 019	1	
IMF7	0.797 086	0.909 309	0.902 845	0.784 207	0.914 251	0.856 215	1

　　7 个本征模函数分类既考虑到它们之间的关联度系数，又考虑到它们自身的波动频率，将关联度系数高且波动频率相近的归为一项。

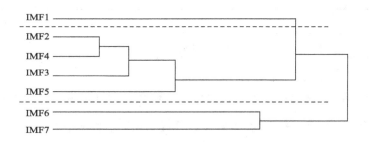

图 10 - 5　基于灰色关联度系数的聚类

　　由图 10 - 5 可以看出，在同时考虑关联度和波动频率的基础上，本章的 7 个本征模函数可分为三类，IMF1 自为一类，IMF2、IMF3、IMF4 和 IMF6 归为一类，IMF5、IMF7 归为一类。因此，本章将 7 个本征模函数重构成高、中、低频三个序列，其中 IMF1 为高频序列 y_1，IMF2、IMF3、IMF4 和 IMF6 叠加为中频序列 y_2，IMF5、IMF7 叠加为低频序列 y_3。

　　重构后各项以及原始价格序列走势图如图 10 - 6 所示。

　　重构后的高频项、中频项、低频项和长期趋势项的频率和振幅不相同，这四个分项的周期以及方差贡献率的统计结果如表 10 - 5 所示。

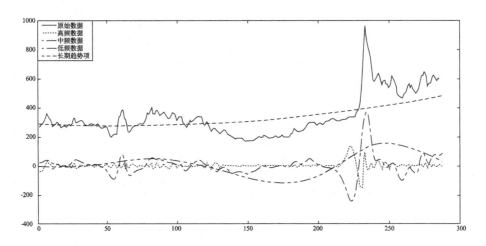

图 10 - 6　大米价格序列和重构后的四个分量走势

表 10 - 5　各分项周期和方差贡献率

	高频	中频	低频	长期趋势项
周期	4.17	13.09	144	—
方差贡献率（%）	3.32	34.17	27.49	17.96

由图 10 - 6 和表 10 - 5 可以看出，长期趋势项基本呈直线上升态势，不存在周期，其方差贡献率为 17.96%，这说明长期趋势项是大米价格的重要组成部分，是大米价格长期走势的主要因素之一。长期趋势项的走势与大米价格基本保持一致，尽管在一些时候大米价格因为某些因素的影响发生了波动，但总体上大米价格是在长期趋势项附近。一般来说，大米价格的长期走势是由世界经济水平决定的。

低频项的周期为 144 个月，方差贡献率为 27.49%。低频项可以看作是大米价格波动的循环周期，这也是影响大米价格波动的重要组成部分。

中频项的周期为 13.09 个月，方差贡献率为 34.17%。从图 10 - 6 可以看出，中频序列的波动形态与大米价格的波动方向及大小基本保持了一致，而且中频部分的每个剧烈波动点都对应着某些重大事件。例如，1993 年下半年（图 10 - 6 中 54 点），大米产量剧减，同时全球大米储备不足，大米价格急剧拉升；2008 年（图 10 - 6 中 230 点），主要的粮食生产国遭遇旱灾，国际粮食供求失衡，国际粮价迅速攀升。这说明，中频项主要反映的是重大事件下的大米价格波动，主要是中短期的走势。

高频项的周期为 4.17 个月，其方差贡献率为 3.32%。高频项可以看作是季节因素的影响，这在第 8 章有相应的说明。同时，高频项也包含了一些投机因素等不规则因素对大米价格的影响。

10.2.2 大米价格的预测与对比

根据多尺度组合模型的构建步骤，对于重构后的各序列分别采用 BP 神经网络、SVM、ARIMA 模型以及线性回归方程进行预测，最后运用 SVM 对各项预测结果进行集成得到最终的预测结果。各项预测的方法具体参数选择如下。

（1）运用 BP 神经网络对高频序列 $y_1(t)$ 进行预测，确定输入层节点数为 4，输出节点数为 1，隐含层神经元节点数为 4。

（2）运用 SVM 对中频序列 $y_2(t)$ 进行预测。通过交叉验证法确定最优参数 $c=0.5$，$g=2$，$\gamma=1$，$\varepsilon=0.05$。

（3）运用 ARIMA 模型对低频序列 $y_3(t)$ 进行预测，选用 ARIMA（2，1，2）模型。

（4）运用 AR 模型预测趋势序列 $y_4(t)$，其方程为 $y_4(t)=c+\alpha y_4(t-1)$。

（5）运用 SVM 方法对高、中、低频项和长期趋势项结果进行集成。其中最优参数为 $c=1.42$，$g=2.83$，$\gamma=3$，$\varepsilon=0.01$。

以 2013 年 1 月至 2014 年 12 月的大米价格数据作为测试部分，验证模型的有效性，并与灰色预测 GM（1，1）、BP 神经网络、SVM 方法、ARIMA 模型这些单模型方法，BP - SVM 组合模型以及基于 EMD 和 EEMD 分解的其他多尺度组合模型进行比较分析。预测效果如表 10-6 所示。

表 10-6 大米价格预测效果比较

评价指标	第 7 章模型	GM（1，1）	BP 神经网络	SVM	ARIMA	BP - SVM	EMD 组合	EEMD - 未重构组合	EEMD - 游程 - BP	EEMD - 游程 - SVM
NMSE	0.031	1.644	0.871	0.592	1.559	0.620	0.598	0.038	0.038	0.039
MAPE	0.019	0.173	0.080	0.076	0.167	0.039	0.026	0.022	0.021	0.022
U	0.012	0.085	0.045	0.056	0.081	0.023	0.018	0.014	0.013	0.017

评价指标	第7章模型	GM (1, 1)	BP 神经网络	SVM	ARIMA	BP－SVM	EMD 组合	EEMD－未重构组合	EEMD－游程－BP	EEMD－游程－SVM
DS（%）	83.3	33.3	66.7	62.5	62.5	54.2	79.2	62.5	62.5	79.2

从表 10－6 的预测结果可以看出，对于大米价格的预测，从正则均方误差（NMSE）、平均绝对百分比误差（MAPE）、Theil 不相等系数（U）和方向对称值（DS）等评价指标看，GM（1, 1）、BP 神经网络、SVM 方法、ARIMA 模型这些单模型方法效果比较差，组合模型和基于 EMD、EEMD 分解的其他多尺度组合模型效果较好。第 7 章构建的多尺度组合模型预测精度最优，对大米价格方向走势的判断效果最好，而且第 7 章的重构模型减少了预测的计算量，明显优于其他模型。

10.3 玉米价格预测分析

选取 1994 年 1 月至 2012 年 12 月的玉米价格的月度数据作为训练部分，共 228 个数据；选取 2013 年 1 月至 2014 年 12 月的数据作为测试部分，共 24 个数据。

10.3.1 玉米价格序列的分解与重构

对 1994 年 1 月至 2012 年 12 月的美国 2 号黄玉米的现货价格进行 EEMD 分解，分解出 6 个本征模函数 IMF 分量和一个剩余分量 R，分解结果如图 10－7所示。

剩余分量 R 代表长期趋势，因此把 R 单独归为长期趋势项y_3。然后计算各 IMF 之间的灰色关联度，可以得到 6 个分量的关联度系数结果如表 10－7 所示。

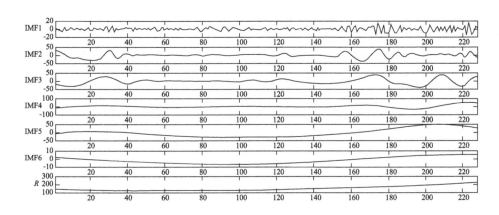

图 10 -7　玉米价格的 EEMD 分解结果

表 10 -7　灰色关联度系数表（绝对关联度）

	IMF1	IMF2	IMF3	IMF4	IMF5	IMF6
IMF1	1					
IMF2	0. 703 225	1				
IMF3	0. 731 758	0. 825 39	1			
IMF4	0. 759 711	0. 936 409	0. 854 946	1		
IMF5	0. 705 464	0. 768 508	0. 854 349	0. 778 562	1	
IMF6	0. 736 608	0. 630 07	0. 637 496	0. 641 36	0. 776 345	1

　　6 个本征模函数分类既考虑到它们之间的关联度系数，又考虑到它们自身的波动频率，将关联度系数高且波动频率相近的归为一项。

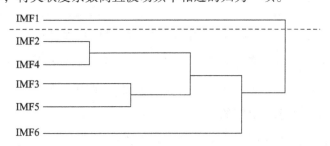

图 10 -8　基于灰色关联度系数的聚类

　　由图 10 -8 可以看出，在同时考虑关联度和波动频率的基础上，本章的 6 个本征模函数可分为两类，IMF1 为一类，IMF2、IMF3、IMF4、IMF5 和 IMF6 归为一类。因此，本章将 6 个本征模函数重构成高低频两个序列，其中 IMF1

为高频序列y_1，IMF2、IMF3、IMF4、IMF5 和 IMF6 叠加为中频序列y_2。

根据灰色关联分析重构后的高频项、中频项和长期趋势项这三个序列和玉米价格序列的走势图如图 10 - 9 所示。

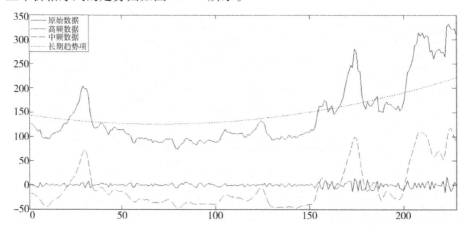

图 10 - 9　玉米价格序列和重构后的三个分量走势

重构后的高频项、中频项和长期趋势项的频率和振幅不相同，计算可得这三个分项的周期和方差贡献率的统计结果如表 10 - 8 所示。

表 10 - 8　各分项周期和方差贡献率

分项	高频项	中频项	趋势项
周期	3. 21	10. 85	—
方差贡献率（%）	1. 29	53. 76	27. 12

由图 10 - 9 和表 10 - 8 可以看出，长期趋势项基本呈直线上升态势，不存在周期，其方差贡献率达到了 27. 12%，这说明长期趋势项是玉米价格的重要组成部分。长期趋势项的走势与玉米价格基本保持一致，玉米价格的长期走势是由世界经济水平决定的。

中频项的周期为 10. 85 个月，方差贡献率为 53. 76% 。从图 10 - 9 可以看出中频项中有些剧烈波动点，这也都对应着某些重大事件。例如，1994 年年底（图 10 - 9 中 10 点），美国等主产国的产量下降，压缩了出口量，同时禽畜业的发展也大幅增加了对玉米的需求，使得玉米价格上升；2010 年年底（图 10 - 9 中 200 点）饲料产业、生物能源等对玉米的需求迅猛增长，但是玉米产量增幅有限，造成了玉米价格的大幅走高。

高频项的周期为 3. 21 个月，其方差贡献率为 1. 29% 。这可以看作是季节因素的影响，一般经济时间序列比较容易受季节因素影响，而季节因素主要是从供给和需求两方面影响经济数据，尤其是玉米等粮食作物，其受到季节因素的影响更为明显。同时高频项也包含了一些投机等不规则因素对玉米价格的影响。

10. 3. 2　玉米价格的预测与对比

根据多尺度组合模型的构建步骤，对于重构后的各序列分别采用 BP 神经网络、SVM 以及 AR 模型进行预测，最后运用 SVM 对各项预测结果进行集成得到最终的预测结果。各项预测的方法具体参数选择如下。

（1）运用 BP 神经网络对高频序列 $y_1(t)$ 进行预测，确定输入层节点数为 5，输出节点数为 1，隐含层神经元节点数为 4。

（2）运用 SVM 对中频序列 $y_2(t)$ 进行预测。通过交叉验证法确定最优参数 $c = 1. 41$，$g = 1. 86$，$\gamma = 1$，$\varepsilon = 0. 01$。

（3）运用线性回归方程预测趋势序列 $y_3(t)$，其方程为 $y_3(t) = c + \alpha y_4(t-1)$。

（4）运用 SVM 方法集成各项预测成果，其中最优参数为 $c = 0. 5$，$g = 1. 62$，$\gamma = 3$，$\varepsilon = 0. 05$。

以 2013 年 1 月至 2014 年 12 月的玉米价格数据作为测试部分来验证模型的有效性，并与灰色预测 GM（1，1）、BP 神经网络、SVM 方法、ARIMA 模型这些单模型方法，BP - SVM 组合模型以及基于 EMD 和 EEMD 分解的其他多尺度组合模型进行比较分析。预测效果如表 10 - 9 所示。

表 10 - 9　玉米价格预测效果比较

评价指标	第 7 章模型	GM（1，1）	BP 神经网络	SVM	ARIMA	BP - SVM	EMD 组合	EEMD - 未重构组合	EEMD - 游程 - BP	EEMD - 游程 - SVM
NMSE	0. 028	1. 439	0. 123	0. 081	1. 989	0. 092	0. 079	0. 069	0. 059	0. 032
MAPE	0. 024	0. 272	0. 059	0. 046	0. 326	0. 049	0. 033	0. 048	0. 045	0. 022
U	0. 010	0. 130	0. 039	0. 031	0. 141	0. 034	0. 012	0. 029	0. 027	0. 012
DS（%）	87. 5	37. 5	66. 7	70. 8	70. 8	70. 8	70. 8	75. 0	79. 2	83. 3

从表 10 - 9 的预测结果可以看出，对于玉米价格的预测，从正则均方误差（NMSE）、平均绝对百分比误差（MAPE）、Theil 不相等系数（U）和方向对称值（DS）等评价指标看，GM（1，1）、BP 神经网络、SVM 方法、ARI-MA 模型这些单模型方法效果比较差，组合模型和基于 EMD、EEMD 分解的其他多尺度组合模型效果较好，第 7 章构建的多尺度组合模型效果最优。尽管第 7 章模型的 MAPE 指标稍低于基于 EEMD - 游程 - SVM 组合模型，但是其他三个指标都优于这个模型，而且第 7 章的重构模型减少了预测的计算量。

10.4 本章小结

运用第 7 章构建的多尺度组合模型对小麦、大米和玉米三个粮食品种的波动和预测分析。发现第 7 章构建的多尺度组合预测模型明显优于 GM（1，1）、BP 神经网络、SVM 方法、ARIMA 模型这些单模型，优于 ARIMA - SVM 组合模型，也优于基于 EMD 和 EEMD 分解的其他多尺度组合模型。而且横向比较三种粮食价格的预测精度，结果表明，正则均方误差指标上是玉米价格预测更优，平均绝对百分比误差则是小麦价格预测更优，而 Theil 不相等系数以及方向对称值指标小麦和玉米的预测效果相当，同时大米预测的指标与之接近，这也证明了第 7 章构建的多尺度组合模型预测效果不错，比较适合于粮食价格的预测。

小　结

在过去的十多年中，中国实现了粮食产量的连续增长，但仍然面临需求缺口增大的局面，近年来我国粮食进口数量和比例不断上升，粮食自给率屡屡触及 90% 的红线；与此同时，国际粮食价格剧烈波动，整体大幅走高，中国却缺乏国际粮食定价的话语权，只能被动接受大幅增长的国际粮价，这直接影响了国家的粮食安全和经济安全。因此，如果能对粮食价格的走势有比较准确的预测，对国家、企业、农户等的政策实行、时点选择等方面意义重大。本篇取得的成果如下。

（1）分析了粮食价格的季节性波动。运用最新的季节调整 X – 13A – S 方法对粮食价格的季节性波动进行初步的分析，并且研究了趋势因素、不规则因素等对粮食价格的影响程度和规律，并结合实际情况进行验证，最后给出粮食价格具体的季节因子变化模式。

（2）对粮食价格进行了周期性分析。本篇直观地分析了粮食价格的周期性，在此基础上，运用谱分析和小波分析方法对粮食价格周期性进行研究，主要包括周期存在与否、周期波动长度等方面。结果表明，粮价存在 3 ~ 4 年的周期，这主要是与农民依价格对粮食的生产进行调整有关。在不同因素影响的复合下，粮食价格波动出现了多周期性，随着粮食商品金融化的发展，粮价的波动性也越来越强，这也表明了未来的粮价周期呈现越来越短的趋势。

（3）构建了一个新的多尺度组合预测模型。本篇模型的构建首先是用集合经验模态分解（EEMD）将粮食原始价格序列分解为多个 IMF 分量和一个剩余分量的组合，然后运用灰色关联系数对分量进行重构，得到高频项、中频项、低频项和长期趋势项四项，根据四项各自的波动特点选择合适的方法进行了预测，最后运用 SVM 对各项预测的结果进行集成。本篇构建的模型不仅提高了预测的精度，而且对重构各项赋予了一定的含义，这利于本篇更加深入地分析粮价的波动。

（4）在模型的构建中提出了灰色关联度方法进行重构的思路。相比不进行重构而直接预测，运用灰色关联度进行重构极大减少了预测的工作量和预测的复杂程度。相比其他预先设定项数等重构方法，灰色关联度方法既考虑了 IMF 分量之间的灰色关联程度又同时考虑了分量的波动频率，使得重构更加客观。

（5）运用多尺度组合模型对小麦、大米和玉米价格的预测分析，证明本篇模型优于 GM（1，1）、BP 神经网络、SVM 方法、ARIMA 模型这些单模型，优于 BP-SVM 组合模型，也优于基于 EMD 和 EEMD 分解的不重构模型和基于其他方法重构的组合模型。本篇构建的模型预测效果好，适合运用于粮食价格的预测。

本篇对粮食的季节性、周期性波动进行了研究，并在此基础上对价格做出预测，但是现有的研究中还是有不足，在分析时角度可能也不太全面，在未来的研究中可以从以下几个方面进一步地研究。

（1）本篇构建多尺度组合模型时，考虑的方法有限，都是运用现有价格预测的文献中提出的方法，现在预测研究在计算机和仿真模拟等中运用最多，这个方向的研究方法也更加前沿。因此，下一步可以考虑在计算机和仿真模拟方面找出相对应且更加合适的方法进行价格的预测。

（2）本篇构建的模型主要基于数据驱动，只从序列本身进行考虑，在今后的预测模型中可以适当考虑一些对价格影响比较大的重要因素。

（3）本篇使用了粮食的月度价格作为研究的数据，所以文中重构后的高、中、低频项也只是相对来说，和股票以及期货市场的高频等数据存在着本质的区别。但这也给我们提供了思路，如果运用粮食价格其他的数据，比如周数据、日数据，模型预测的效果可能会有差异，甚至结果截然不同，数据越多，对价格波动的研究更加准确。下一步可以考虑运用粮食价格的周或日等波动更加频繁的数据进行分析研究。

（4）本篇仅选用了小麦、大米和玉米的一个品种作为粮食价格预测研究的代表。这不能反映出所有粮食产品的情况，尤其是我国作为大豆的主要进口国，其价格波动对我国影响会更为明显。因此，未来可以将构建的模型运用到其他的粮食作物的预测中。

第四篇　基于 CEEMDAN 分解的多尺度
组合模型及其应用

现代经济社会的发展离不开电力，相比较其他能源，电力除了为各行业的发展提供支持，更是与人们的日常生活直接相关。石油、煤炭和天然气等一些传统能源通常都是转化为电力为经济社会运行做出贡献，而太阳能、水能和核能等新式清洁能源更是以电的形式进入生产和生活之中，这也决定了电力在现在和未来经济社会发展中的核心地位。近几十年来，我国的经济发展和社会建设获得了巨大的成就，而对于各类能源特别是电力的需求也与日俱增。近些年来，我国电力供给和需求在总体上保持平衡，但是一些经济发达用电量较大的地区在冬季和夏季用电高峰期时，有时会存在电力供应短缺的现象。目前来看，我国经济情况保持着稳中上升的趋势，而且随着各类基础设施的完善和人民生活水平的提高，对于电力的需求也将逐渐增加。

北京市作为我国的首都，是一座人口密集、经济发达的城市，对于电力的需求一直较高，而近些年来也开始面临着电荒的局面。如 2011 年，北京市遭遇"电荒"，部分景区及企事业单位等被关闭景观照明；2013 年，北京电网再次遭受冲击，迎来两季负荷历史新高；2016 年 8 月，北京电网最大负荷再次刷新历史纪录，国家电网迅速启动相关预警响应机制确保安全供电。北京市电力需求的高速增长和季节性特点，为电力部门创造了新的挑战。如何使得电力的供应能够与经济增长的速度相匹配，保障好用电高峰期的电力供应，避免供电不足给生产和生活带来的不便都值得进行研究。由于电力作为一种特殊的能源商品，具有难以储存的特点，供给和需求稍有失衡就会引发一系列问题，如果供过于求显然会造成电力资源的浪费，而供给不足则会掣肘经济的发展；同时电力系统的建设周期较长，难以临时铺设线路进行调配。因此通过对电力需求进行预测，然后科学合理地事先对电力资源进行规划配置就显得尤为重要。

第 11 章是基于 CEEMDAN 分解的多尺度组合模型构建与分析。首先，运用改进的 CEEMDAN 方法对原始序列进行分解，该方法相对于小波分析、EE-MD 等方法分解效果更佳；其次，根据最大信息系数（MIC）对分解后的分量序列进行重构，既能降低预测工作量又能保留重要信息；然后运用 Elman 神经网络和支持向量回归机（SVR）进行预测和集成，并使用遗传算法（GA）进行参数优化；最后对重构后的分量赋予一定的经济含义，完善相关预测理论。

第 12 章是电力需求内在周期及驱动因素分析。分析北京市电力需求的周期性特点，探索电力需求和经济增长、气象变化之间的内在规律性，分析影响北京市电力需求周期波动特征的驱动因素。

第 13 章是非线性和内生性视角下的电力需求影响因素分析。分析北京市电力需求的主要影响因素，与传统研究不同，本章将会同时考虑经济和气象因素，结合北京市的具体情况，在内生性和非线性视角下，探讨各因素对于电力需求的具体影响。

第 14 章是北京市电力需求预测分析。运用第 11 章提出的预测模型，对北京市未来的电力需求进行预测和分析。

第 11 章　基于 CEEMDAN 分解的多尺度组合模型构建与分析

11.1　多尺度预测模型构建的基本思想

电力需求序列是一种复杂的时间序列，具有非线性和非平稳特征，因此传统的计量统计模型如 ARIMA，回归方程等只能对电力需求序列的趋势做出一定程度的预测，很难把握其具体波动特征。即使是支持向量机和 BP 神经网络等一些机器学习方法，也很难有效利用潜在的数据生成机制，有效识别数据波动的规律。

结合现有研究的结论，可以发现电力需求序列通常受到气象因素和经济因素的影响，具有不同的内在周期，这意味着电力需求序列的波动呈现出多尺度特征。充分利用这一信息，将有助于提高电力需求预测的精度。

本章基于"分解—重构—集成"的思想，构建了一个 CEEMDAN - Elman - GA - SVR 的多尺度预测模型。首先，运用改进的 CEEMDAN 方法对原始序列进行分解，该方法相对于小波分析、EEMD 等方法分解效果更佳；其次，根据最大信息系数（MIC）对分解后的分量序列进行重构，既能降低预测工作量又能保留重要信息；再次，运用 Elman 神经网络和支持向量回归机（SVR）进行预测和集成，并使用遗传算法（GA）进行参数优化；最后，对重构后的分量赋予一定的经济含义，完善相关预测理论。在此模型框架下，对北京市的未来电力需求进行预测和分析。

11.2 模型构建的理论基础

11.2.1 完全自适应集合经验模态分解方法

EEMD 方法对原始序列添加了白噪声，即使进行多次平均仍有可能干扰分解得到的 IMF 分量，这可能会影响基于此方法的周期性分析的准确性。Torres 等人（2011）提出了一种完全自适应集合经验模态分解方法（Complementary Ensemble Empirical Mode Decomposition with Adaptive Noise，简称CEEMDAN），即在分解流程中的每一阶段上，添加一个自适应白噪声，能够有效克服 EEMD 重构误差非零等问题，保证了分解的完整性。Colominas 等人（2014）继续对 CEEMDAN 算法进行改进，进一步减少了分解后的 IMF 子序列的噪声含量，增加了其物理含义。其算法简要介绍如下：令 x 为某一待分解信号，$E_k(\cdot)$ 为产生第 k 个 IMF 的算子，$M(?)$ 为一产生局部均值的算子，则 $E_1(x) = x - M(x)$，令 $w^{(i)}$ 为一零均值同方差的高斯白噪声，然后进行如下操作：

（1）对于 $i = 1, 2, \cdots, I$，计算 $x^{(i)} = x + \beta_0 E_1(w^{(i)})$ 的局部均值来得到第一个残差：

$$r_1 = (M(x^{(i)}))$$ (11.1)

（2）当 $k = 1$ 时计算第一个 IMF：

$$\tilde{d}_1 = x - r_1$$ (11.2)

（3）计算 $r_1 + \beta_1 E_2(w^{(i)})$ 局部均值的平均作为第二个残差，并且得到第二个 IMF：

$$\tilde{d}_2 = r_1 - r_2 = r_1 - (M(r_1 + \beta_1 E_2(w^{(i)})))$$ (11.3)

（4）对于 $k = 3, \cdots, K$，计算 k 个残差：

$$r_k = (M(r_{k-1} + \beta_{k-1} E_k(w^{(i)})))$$ (11.4)

（5）计算第 k 个 IMF：

$$\tilde{d}_k = r_{k-1} - r_k$$ (11.5)

（6）对下一个 k 回到第（4）步。

重复（4）至（6），直到残差无法被 EMD 进行分解为止，其中系数 $\beta_k = \varepsilon_k std(r_k)$ 允许在每一次迭代过程中选择合适的信噪比（SNR），$std(\cdot)$ 为标准差算子。

CEEMDAN 分解后产生的多个 IMF 分量频率各不相同，部分子分量具有很强的非线性特征，因而重构过程中需要准确把握变量间的线性和非线性关系。本章基于 IMF 分量间的最大信息系数并参照各分量的频率，选择关联度高且频率相近的分量进行重构。

11.2.2　最大信息系数

互信息（MI）是一种经典的信息测度方法，可以衡量一个随机变量所拥有的关于另一个随机变量的信息量，是一种非线性相关性测度方法。但是互信息在样本量较少时表现不佳，此外其对于各种相关性的敏感度不同，因而有些情况下功效较差。而 Reshef 等（2011）提出的最大信息系数（MIC）则能够克服传统互信息方法的不足，更有效地检验变量之间的相关性，目前已经在基因学、遥感绘图、临床数据分析等多个领域内得到广泛应用。最大信息系数的思想简单而又深刻，即如果两个变量之间存在一定的关联性，可以先画出这两个变量的散点图，然后再图上画出网格来确定这种关系。假设 $U = \{u^{(i)}\}$ 和 $V = \{v^{(i)}\}$ 为待检测的变量，并且存在由有序数对 $\{(u^{(i)}, v^{(i)})\}$ 组成的有限集合 E，为了计算 MIC，首先将 U 和 V 按照升序排列，然后将 U 的各个样本点划分为 x 个部分，V 的样本点划分为 y 个部分，允许其中一部分为空集，在此基础上得到一个 $x \cdot y$ 的网格 G，此时 E 中的每一个样本点将落在 G 中的某一单元格中。最后，通过计算落在单元格中的样本点数与总样本点数的比值作为相应的概率质量取值，可以计算出 G 上的概率质量分布函数 F。对于最佳网格的搜索分为两步，第一步，对于固定数值对 (x_0, y_0)，找出最优的 $x_0 \times y_0$ 网格，将结果排列为特征矩阵 $M(E)$，

$$M(E) \mid_{(x_0, y_0)} = \max \frac{I(F)}{\ln \min \{x_0, y_0\}}$$

其中，最大值的搜索范围为所有的 $x_0 \times y_0$ 网格 G，$I(F)$ 则是 F 的互信息，计算方式如下：

$$MI(F) = \sum_{i=1}^{x_0}\sum_{j=1}^{y_0}\frac{n_{ij}}{N} \times \ln\frac{n_{ij}}{N} - \sum_{i=1}^{x_0}\frac{\sum_{j=1}^{y_0}n_{ij}}{N} \times \ln\frac{\sum_{j=1}^{y_0}n_{ij}}{N} - \sum_{j=1}^{y_0}\frac{\sum_{i=1}^{x_0}n_{ij}}{N} \times \ln\frac{\sum_{i=1}^{x_0}n_{ij}}{N}$$

n_{ij} 为落在 (i, j) 个单元格的样本点数，N 为样本容量。第二步，则是对特征矩阵进行穷举搜索来确定全局最优网格。由此可以计算出 U 和 V 的 MIC，即为：

$$MIC(U, V) = MIC(E) = \max_{xy < B}\{M(E) \mid_{(x,y)}\},$$

其中 B 为网格面积上限，通常满足 $\omega(1) < B < O(N^{1-\varepsilon})$，$0 < \varepsilon < 1$。

11.2.3 Elman 神经网络方法

由于电力需求的变动是一个动态过程（邵臻等，2015），具有一定的时变特征（陈艳平等，2016），本章根据 Elman 神经网络分别对重构后的分量序列做预测。Elman 神经网络是一种典型的反馈式神经网络，与常见的 BP 神经网络相比，Elman 神经网络的输入包含输出数据的反馈，因而其对历史数据更加敏感，具有更强的动态信息处理能力。用电量序列的随机性和时变性，使得 BP 神经网络或者支持向量机（SVM）等方法在外推预测时效果不理想，而 Elman 网络于前馈网络的隐含层中添加了承接层，充当一步延时算子，起到记忆的作用，使得系统具有适应时变特性的能力，能够更好地处理动态信息，达到动态建模的目的。

11.2.4 支持向量回归机

运用支持向量回归机（SVR）对重构后各分量序列的预测值进行集成，将各重构分量同时段的预测值作为输入部分，将同时段的实际电力需求作为输出值，建立各分量预测值和实际值之间的函数映射关系。由于 SVR 方法对于参数的选择比较敏感，故本章选用具有良好全局寻优能力的遗传算法（GA）对 SVR 的参数进行优化，进一步提高预测精度。

本章参考文献

［1］Torres M E, Colominas M A, Schlotthauer G, et al. A complete ensemble empirical mode decomposition with adaptive noise ［C］. 2011 IEEE International Conference on Acoustics, Speech and Signal Processing（ICASSP）. IEEE, 2011: 4144 – 4147.

［2］ Colominas M A, Schlotthauer G, Torres M E. Improved complete ensemble EMD：A suitable tool for biomedical signal processing ［J］. Biomedical Signal Processing and Control, 2014 （14）：19 – 29.

［3］ Reshef D N, Reshef Y A, Finucane H K, et al. Detecting novel associations in large data sets ［J］. science, 2011, 334 （6062）：1518 – 1524.

［4］ 陈艳平，毛弋，陈萍，等. 基于 EEMD – 样本熵和 Elman 神经网络的短期电力负荷预测 ［J］. 电力系统及其自动化学报, 2016, 28 （3）：59 – 64.

［5］ 邵臻，杨善林，高飞，等. 基于可变区间权重的中期用电量半参数预测模型 ［J］. 中国管理科学, 2015, 23 （3）：123 – 129.

第 12 章　电力需求内在周期及驱动因素分析

大型城市的电力需求特征通常复杂多变，由于电力资源难以储存，许多城市均出现过"电荒"现象，对经济发展产生不利影响。北京作为我国的首都，电力需求巨大，对其周期波动规律进行研究，有助于保障首都经济稳定发展。

本章的研究目的在于将时域分析和频域分析方法相结合，研究北京市电力需求的内在周期，并在此基础上分析不同内在周期所隐含的驱动因素。

12.1　研究现状分析

电力需求作为一种时间序列类型的数据，呈现出一定的周期性特征。杨淑霞（2006）较为全面地研究了我国电力需求的周期特征，指出其在总体上呈现增长循环态势，即电力需求表现出增加和减少的交替循环；增加阶段，电力需求上升，减少阶段，并非电力需求总值绝对地降低，而是表现为增长的速度减缓，即电力需求水平增长速度呈现高低起伏波动；其采用 HP 滤波等方法，发现我国的电力需求有长为 7~9 年的主周期及一些次周期成分构成。刘畅和高铁梅（2011）的研究则通过电力行业景气指数分析电力的周期波动，他们的研究表明我国存在电力需求下降和经济正增长并存的现象，此外电力行业和宏观经济具有一致变动趋势，但是波动幅度却不相同。

关于时间序列周期性的相关研究，早期文献以 ARMA 等模型为主，侧重于时域内对波峰、波谷的研究，随着 Nerlove（1964）等文章将谱分析等一些方法引入经济学领域，基于频域视角的时间序列周期性研究逐渐增加，频域方法分解得到的不同频率成分具有严谨的数学基础，是对客观世界的良好描述，能够有效揭示时间序列周期性波动的内在影响因素，有助于人们认清波动背后的本质。

近年来也有学者基于频域方法，通过对电力需求时间序列进行分解，提取出各种周期性成分进行更为全面和综合的分析。如原艳梅等（2009）使用 EMD 算法同时分解中国的能源消费和 GDP 序列，对分解生成的本征模态函数进行比较，发现能源消费和经济增长在高频波动上有很强的一致性，短期波动中，经济增长是导致能源消费变化的重要原因，而在中长期上，能源消费对于经济增长的响应则存在滞后。牛东晓等（2013）则基于 HP 滤波将实际 GDP 和电力需求分解为趋势部分和周期变动部分，在此基础上进行协整及格兰杰因果检验，发现在趋势部分存在电力需求到经济增长的单向因果关系，表明电力对于经济发展有拉动作用；而关于波动部分的检验则表明二者存在双向因果关系，相互影响。Shao 等（2015）采用 EEMD 算法，将用电量分解为诸多子分量，同时将影响用电量的诸如经济增长、气候变化等指标采用因子分析方法，提取出对应的市场、经济和气候因子，并且将样本划分为不同区间；在此基础上，根据不同的周期特征，将具有年度和月度特征的子分量同经济等因子进行拟合，结果显示各个时段上不同类型因子对电力需求的主导作用并不相同。

需要注意的是，一些常用频域方法在经济领域的运用存在一些困难。如谱分析本质上是进行傅里叶变换，适用于平稳的时间序列，而电力需求、GDP 等经济时间序列往往是非平稳的，HP 滤波和小波分解等方法则存在人为选择合适的平滑参数、小波基和分解尺度等困难。Huang 等（1998）提出的经验模态分解方法（EMD），是一种数据驱动算法，通过把原始序列分解为多个性质良好的本征模态函数（IMF），可以有效处理非线性和非平稳的时间序列。同 HP 滤波和小波分解相比，EMD 分解不需要关于参数的先验设定，因而被学者们所青睐。Wu 和 Huang（2009）进一步提出了集合经验模态分解方法（EEMD），通过对原始序列添加白噪声，再对多次 EMD 分解的结果进行集合平均，克服了 EMD 方法存在的模态混叠缺陷，改善了信号的分解效果。

EMD 和 EEMD 方法的优良性质，使得其被许多学者应用于周期性问题的研究之中。如阮连法和包洪洁（2012）利用 EEMD 方法对房价周期波动进行实证研究，李仲飞等（2014）则根据 EEMD 方法识别中国的房地产周期。但目前为止，应用此类方法对电力需求周期进行分析的文章相对较少，且往往侧重于预测，对 EEMD 方法分解出来的 IMF 子序列及其经济含义的研究通常基于主观经验判定，缺乏相关统计检验。杨立勋和李瑞杰（2016）也指出现有研究往往侧重于经济时间序列周期的测度和评价，缺乏对其影响机理的实证分析。

此外，EEMD 方法对原始序列添加了白噪声，即使进行多次平均仍有可能干扰分解得到的 IMF 子序列，可能会影响基于此方法的周期性分析的准确性。Torres 等（2011）提出了一种完全自适应集合经验模态分解方法（CEEMDAN），通过在分解的每一阶段添加自适应白噪声，有效地解决了 EEMD 重构时误差非零等问题，保证了分解的完整性。Colominas 等（2014）继续对 CEEMDAN 算法进行改进，进一步减少了分解后的 IMF 子序列的噪声含量，增加了其物理含义。Afanasyev 和 Fedorova（2016）的研究表明 CEEMDAN 方法对趋势和周期成分的分离效果优于 EMD、EEMD 和小波分解。因此，基于 CEEMDAN 方法对电力需求序列进行分解，所得 IMF 子序列能够更加客观有效地揭示出隐含在原始序列背后的影响因素，有助于探寻电力需求的内在周期性特征。

本章将运用 CEEMDAN 方法，分析电力需求的内在周期，通过对 CEEMDAN 分解得到的 IMF 子序列进行统计分析，研究其背后的驱动因素，探究不同尺度下各子序列的周期性波动及其经济含义。其创新之处在于：①将时域和频域分析相结合对电力需求的周期性变化进行研究，使用基于数据驱动的分解方法，将原始电力需求序列分解为具有不同周期特征的子序列，进而研究不同尺度下子序列背后的驱动因素，探究电力需求序列的内在周期变化及其经济含义，使得理论驱动与数据驱动得到有机结合。②将能够有效处理非平稳非线性时间序列的 CEEMDAN 方法引入电力需求的周期性分析之中，在对电力需求背后的驱动因素分析过程中，不仅考虑经济增长，还将引入气温等气象因素，并使用非线性格兰杰检验方法处理高频项中存在的复杂非线性关系。③先前研究通常基于全国年度电力需求数据，但本章使用北京市的月度电力需求数据。一方面北京等大型城市更容易出现供电不足的现象，其电力需求的周期波动相对全国变化往往更加复杂，特别是电力需求所呈现出的季节性周期波动更为明显，值得深入研究；另一方面，月度数据能更好地反映电力需求的中高频周期变化，这是对传统长周期研究的一个补充。

12.2 研究方法介绍

本章基于完全自适应集合经验模态分解（CEEMDAN）方法对北京市电力需求序列进行分解以识别其内在周期，该方法是在模态经验分解（EMD）和集合经验模态分解（EEMD）基础上发展而来。在分析不同内在周期所隐含的驱动因素时，涉及非线性格兰杰检验方法的使用，对其进行简单介绍。

Diks 和 Panchenko（2006）提出了一种非参数检验方法，可以识别变量间存在的非线性关系，该检验的原假设为"被检验的变量之间不存在格兰杰因果关系"，主要思路如下：令滞后向量矩阵为 $X_t^{l_x} = (X_{t-l_x+1}, \cdots, X_t)$，$Y_t^{l_y} = (Y_{t-l_y+1}, \cdots, Y_t)$，$(l_x, l_y \geqslant 1)$。在原假设下，序列服从如下分布：

$$H_0: \quad Y_{t+1} \,|\, (X_t^{l_x}; Y_t^{l_y}) \; \sim \; Y_{t+1} \,|\, Y_t^{l_y} \tag{12.1}$$

为简化讨论，令 $l_x = l_y = 1$，$Z_t = Y_{t+1}$，然后略去时间下标，则式（12.1）可重写为：

$$\frac{f_{X,Y,Z}(x, y, z)}{f_Y(y)} = \frac{f_{X,Y}(x, y)}{f_Y(y)} \cdot \frac{f_{Y,Z}(y, z)}{f_Y(y)} \tag{12.2}$$

式（12.2）意味着：

$$q = E\left[f_{X,Y,Z}(x, y, z) f_Y(y) - f_{X,Y}(x, y) f_{Y,Z}(y, z) \right] = 0 \tag{12.3}$$

构造进行非线性格兰杰因果检验的 T_n 统计量：

$$T_n(\varepsilon_n) = \frac{n-1}{n(n-2)} \Sigma \left(\hat{f}_{X,Y,Z}(x_i, y_i, z_i) \hat{f}_Y(y_i) - \hat{f}_{Y,Z}(y_i, z_i) \right) \tag{12.4}$$

其中，$\hat{f}_W(\omega_i)$ 为随机变量 W 在 ω_i 值处的局部密度函数估计值，ε_n 为与样本相关的带宽参数。

12.3 数据选取及来源

本章分析的对象为北京市的电力需求，由于消费者的需求难以具体测算，而电力资源在总体上且大部分情况下处于供需均衡状态。实际上，在大部分研究能源需求或消费的文献中，均使用能源的实际使用量作为度量指标。结合数据的可获得性，本章最终选用北京市月度用电量（以亿千瓦时为单位）数据作为北京市电力需求的度量指标。

关于影响北京市电力需求的经济因素，文献中通常考虑经济增长、产业结构变化、能源利用效率、城市化和工业化程度等。由于本章分析的是中期内电力需求的变化，使用的是月度数据，所以一些经济因素并没有相应的统计数据，并且在月度尺度上，某些因素的作用并不十分明显，最终本章只选取和经济增长有关的一些指标。鉴于无法获得月度 GDP 数据，故选用根据 PPI 调整后得到的北京市实际月度工业产值（以十亿元为单位）以及 CPI 调整过的实际消费品零售额（以十亿元为单位）作为反映北京市的经济增长的指标。

本章选用北京市月度平均气温（单位为摄氏度）、降水量（单位为毫米）、日照时数（单位为小时）和平均气压（单位为千帕）作为影响北京市电力需求的气象因素指标。其中气温是最重要的气象因素，也是现有研究中最常见的指标。降水量、气压等一些指标可能通过影响人的体感，进而影响空调的使用来对电力需求产生影响，日照时数则可能通过影响照明时间影响电力需求。

本章的数据跨度为 2006 年 3 月至 2015 年 12 月，数据来源为国家电网、北京市统计局和《北京统计年鉴》。

12.4 电力需求内在周期识别

CEEMDAN 方法适用于平稳及非平稳的时间序列，故此处不再对电力需求原始序列进行平稳性检验。对原始序列进行 CEEMDAN 分解后，可以得到 4 个

IMF 子序列以及一个长期趋势项 R。如图 12－1 所示，原始电力需求时间序列经由 CEEMDAN 方法分解后，可得到频率由高到低的一系列子序列，一些子序列波动较为杂乱，另一些子序列则具有很强的规律性。由于 CEEMDAN 是一种数据驱动的分解方法，因此分解出来的子序列实际上是对电力需求的数据生成机制（DGP）的一种良好反映，体现了电力需求背后驱动因素的复杂变化。

表 12－1 给出了分解后的 IMF 子序列和长期趋势项 R 的一些基本统计特征。可以看出，除 IMF3 和 IMF4 以外，分解后的子序列与原始序列都是较为相关的并且是统计显著的。结合表 12－1 与图 12－1，IMF3 与 IMF4 的方差贡献率很小，而且在量级上也不显著，因此对于电力需求的贡献较小，此外 IMF3 和 IMF4 的波动程度较小，也没有呈现明显的趋势性，这可能是导致其与原始序列线性相关性较差的原因。考虑到原始数据与分解后的子序列都呈现出较强的非线性特征，因而线性相关系数的结果具有一定的参考性，但不能基于此否定 CEEMDAN 方法的科学性。分解得到的 IMF2～IMF4 的平均周期大约为一个季度、半年、一年和两年，结合前文所述，这些内在周期成分，体现了电力需求背后的驱动因素，比如一个季度长度的周期循环反映了四季变化，而半年的平均周期则体现了夏季和冬季的用电高峰期。从图 12－1 可以看出，部分 IMF 序列的纵坐标出现了负值，这并非表明用电量为负，因为这些 IMF 分量既具有其独特的经济含义，又是作为一个整体而存在的，因而这里的负值是表示对长期上升趋势的反向作用。

表 12－1　IMF 分量的统计特征

分量	平均周期	方差贡献率	$V_i / \sum V_i$	与原始数据间的相关系数
IMF1	3.63	12.92%	16.22%	0.57***
IMF2	6.05	19.04%	23.90%	0.65***
IMF3	11.80	2.39%	3.00%	0.23***
IMF4	26.55	0.78%	0.98%	0.20***
长期趋势项 R	NA	44.53%	55.89%	0.68***

注：*** 表示在 1% 的水平上显著，V_i 为第 i 个子序列的方差，平均周期计算方法参照李仲飞等人（2014）的文章。

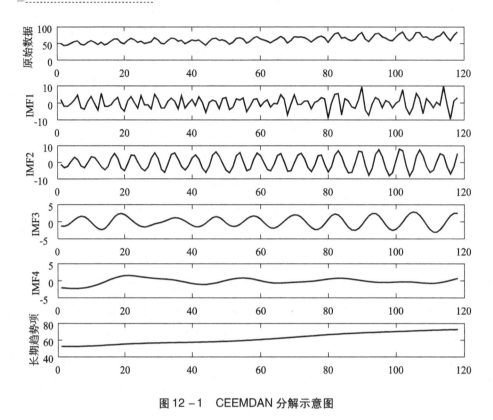

图 12 - 1   CEEMDAN 分解示意图

12.5   电力需求内在周期驱动因素探究

12.5.1   探索性分析

研究电力需求的内在周期，需要对分解后的电力需求序列展开详细分析，探究其背后所隐含的驱动因素。现有研究大多基于经济理论与主观经验相结合的方法进行分析，本章除了结合相关经济理论进行经验判断，还将结合统计方法辅助进行分析。考虑到分解后的高频子序列呈现出明显的非线性特征，而且部分子序列的平均周期呈现出一定的季节变化特征，故本章将采用线性和非线性格兰杰因果检验，研究电力需求子序列和经济增长以及月度平均气温、降水量、日照时长和平均气压等气象因素之间的联系。由于分解得到的子序列和各影响因素较多，因此首先结合图形及平均周期初步判断各 IMF 子序列的影响因素，然后使用格兰杰检验验证猜想。结合图 12 - 1 和图 12 - 2

可以看出，高频 IMF 序列与气象因素都呈现出非线性变化形式，其波动较为相似。采用表 12 - 1 中所使用的周期计算方法，可以得到平均气温、降水、日照时长和气压的平均周期分别为 11.8 个月、3.52 个月、3.58 个月以及 10.28 个月。其中平均气温与 IMF3 的平均周期完全一致，气压与 IMF3 的平均周期较为一致，而降水和日照则与 IMF1 的平均周期很接近。此外还可以发现工业产值和零售品销售额都呈现出明显的上升趋势，且波动特征不显著，与 CEEMDAN 分解得到的长期趋势项较为一致。结合邵臻等人（2015）的研究，本章着重考察高频 IMF 分量与气象因素之间的非线性关系，对 IMF2 ~ IMF4 子序列及频率相近的影响因素进行非线性格兰杰检验。IMF1 序列的平均周期与日照、降水较为接近，因此对这三个序列进行格兰杰检验；IMF2 序列的平均周期大约是 IMF1 的两倍、IMF3 的一半，故将其与四个气象因素分别进行检验；以此类推，IMF3、IMF4 则与气温和气压进行检验。

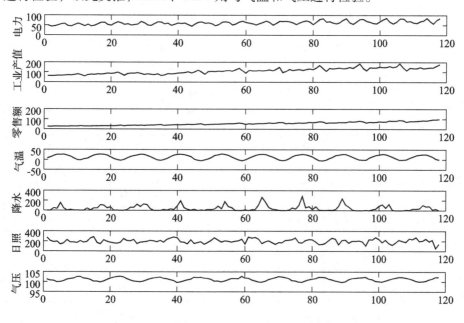

图 12 - 2　电力需求及其影响因素示意图

12.5.2　非线性格兰杰因果检验及分析

在进行非线性格兰杰检验之前，首先对各变量进行单位根检验（ADF 检验），结果如表 12 - 2 所示，各变量都是平稳序列，可以进行相关检验。本章采用 Diks 和 Panchenko（2006）所提出的非参数检验方法，由于需要检验的变量较多，篇幅所限，因此只在表 12-3 列举出具有因果关系的检验结果，没有列举出来的说明不存在非线性因果关系。可以看出，对于 IMF1 的检验支持了上文的猜想，即降水和日照是 IMF1 序列的非线性格兰杰原因；对 IMF2 的检验则表明该序列主要反映了平均气温和气压对用电量的影响，而降水量和日照时长对其影响并不显著；正如前文所述，IMF3 的平均周期与平均气温完全一致，二者在图形上也表现出了很高的相合性，因而 IMF3 序列很好地反映了气温变化对用电量的影响，这也从侧面表明 CEEMDAN 分解的有效性；检验结果表明 IMF4 序列与平均气温和气压之间不存在因果关系，实际上从图 12-1 可以看出，IMF4 序列波动十分平缓，且量级很小，因此参照李仲飞等（2014）的做法，下文将其与长期趋势项 R 进行重构，视为电力需求的长期影响因素，然后进行分析。

一般而言，气象因素对于电力需求而言可以视为外生变量，是不受到电力需求及其分解得到的子序列影响的，故此处引入格兰杰检验，更侧重于从统计角度辅助判断外生气象因素对于电力需求分量所产生的影响。

表 12-2 ADF 检验结果

变量	ADF 统计量	结论	变量	ADF 统计量	结论
IMF1	-6.196 5	平稳***	降水	-7.431 5	平稳***
IMF2	-8.737 4	平稳***	日照	-8.174 0	平稳***
IMF3	-6.023 2	平稳***	气温	-8.545 2	平稳***
IMF4	-4.969 9	平稳***	气压	-12.199 1	平稳***
IMF5	-1.751 8	不平稳	D（IMF5）	-3.752 5	平稳***
工业产值	-1.115 5	不平稳	D（工业产值）	-2.092 4	平稳***
零售额	2.115 1	不平稳	D（零售额）	4.181 1	平稳***

注：最优滞后阶数根据 BIC 准则确定；*、**和***分别表示在 10%、5% 和 1% 的显著性水平下拒绝原假设；IMF6 为 IMF4 和长期趋势项相加得到的重构项，D（IMF6）为 IMF6 序列的一阶差分，其余类似。

表12-3 非线性格兰杰因果关系检验结果

$lx = ly$	IMF1 不是降水的格兰杰原因	降水不是 IMF1 的格兰杰原因	IMF1 不是日照的格兰杰原因	日照不是 IMF1 的格兰杰原因
1	− 0.075	2.063 **	− 0.576	1.143
2	− 0.217	2.269 **	− 0.461	1.699 **
3	− 0.579	1.341 *	− 0.979	1.483 *
$lx = ly$	IMF2 不是气温的格兰杰原因	气温不是 IMF2 的格兰杰原因	IMF2 不是气压的格兰杰原因	气压不是 IMF2 的格兰杰原因
1	0.621	1.543 *	1.547 *	2.619 ***
2	2.855 ***	2.761 ***	1.075	2.035 **
3	1.643 *	2.573 ***	− 0.230	1.927 **
$lx = ly$	IMF3 不是气温的格兰杰原因		气温不是 IMF3 的格兰杰原因	
1	3.028 ***		2.676 ***	
2	1.240		1.727 **	
3	1.125		1.761 **	

注：$lx = ly$ 表示检验中残差序列的滞后项；*、** 和 *** 分别表示在 10%、5% 和 1% 的显著性水平下拒绝原假设。

这里有两点需要注意，一是格兰杰检验出现的滞后项，通常只有当期的气象因素会对同期电力需求产生影响。我们认为，气温等气象因素的变化具有很强的连续性，并且变化是比较平滑的，因此在数据结构上会呈现出滞后性的特征。比如夏季通常是电力需求的高峰期，随着6、7、8月份温度逐渐升高，用电量也是逐渐攀升，滞后月份的气温与时期相结合，是包含着当前月份温度变化的信息，因而在格兰杰检验的结果中得到反映；此外，考虑到居民电力需求具有一定的惯性，比如6、7月份温度较高，对空调的使用增多，而前两个月习惯在空调环境中生活，使得8月份可能更倾向于维持先前的生活状态，因而电力需求上升。实际上，结合时间序列分析中格兰杰因果检验的定义，在包含了电力需求和气温等气象因素过去信息的条件下，对电力需求的预测效果要优于只单独由电力需求的过去信息对其进行预测的效果，即气温等气象因素有助于解释电力需求的将来变化，则认为气温等气象因素是引致电力需求的格兰杰原因，而在电力预测方面的研究中，引入气温等气象因素滞后项后的电力需求的预测精度通常会得到提高，即佐证了这一点。

另一个需要注意的地方是表 12 - 3 中个别情况下，出现拒绝 IMF 分量不是气温的格兰杰原因的原假设现象，然而格兰杰因果关系检验是一种必要性条件检验，即使数据在统计上通过检验，但经济行为中的因果关系仍要以经济理论为基础。气温等气象因素在理论上可以看作外生变量，不会受到电力需求的影响，因而出现拒绝原假设的情况，可能是由于二者数据结构有一定相似性引起的，并没有经济含义。采用非线性格兰杰因果检验的目的是佐证经济理论上气温等气象因素会影响电力需求，从表 12 - 3 可以看到，气象因素的确对电力需求分解得到的 IMF 分量产生很大影响，可以看作是不同尺度下电力需求序列背后的驱动因素，这与邵臻等（2015）对广东某市研究后所指出的气候因素在电力需求中起重要作用的结论相符。然而邵臻等（2015）对气候因素的处理是通过因子分析方法，提取出相应的气候因子，更看重气候因素在整体上对电力需求的影响，本章则对分解后的电力需求序列进行较为深入的研究，通过变量间的平均周期及非线性格兰杰检验等方法，更细致地探究不同尺度下电力需求内在周期的驱动因素。

将 IMF4 与长期趋势项 R 相加得到新的序列 IMF5，对重构得到的 IMF5 序列、北京市实际月度工业产值以及商品零售额进行单位根检验，表明这三个变量均为一阶单整变量（详见表 12 - 2），然后分别进行协整检验，发现 IMF5 与北京市实际月度工业产值以及商品零售额之间均存在协整关系（详见表 12 - 4）。虽然三个变量不是平稳变量，但由于同阶单整且存在协整关系，由周建和李子奈（2004）的研究可知，线性格兰杰因果检验的结果在很大程度上仍然是可靠的。表 12 - 4 中 IMF4 和长期趋势项重构得到的 IMF5 代表着电力需求的长期趋势，这种长期趋势通常是由社会经济的整体发展水平所决定的。可以看到代表着社会经济发展水平的指标变量商品零售额是电力需求长期趋势的单向格兰杰原因。近几年来，北京市经济发展迅速，人均收入水平不断提高，居民的消费能力大大增强，而奥运会等大型项目的成功举办，也使得北京市吸引着大量游客，这也促进了北京地区消费业的发展。而消费业的发展，一方面会直接增加电力需求，各种类型的商场和一些企业办公时间增长，照明和空调的使用使得电力需求增加，居民对于各种家用电器的购买力也与日俱增，这也会增加日常用电量；另一方面，消费业也会间接拉动制造业等一些行业的发展，而这些行业的业务增加往往伴随着电力需求的上升。表 12 - 4 的结果表明，IMF5 与工业产值互为因果关系，这说明电力的消费会对经济发展有促进作用，同时经济发展也会促进电力需求，二者在长期趋势上存在相互依存关系。

表 12 - 4　Johansen 协整检验及线性格兰杰检验结果

IMF5 与工业产值协整检验			IMF5 与零售额协整检验		
协整方程个数	迹统计量	最大特征值统计量	协整方程个数	迹统计量	最大特征值统计量
$r=0$	35.3072***	14.2646***	$r=0$	56.0491***	55.9864***
$r=1$	1.5285	3.8415	$r=1$	0.0627	0.0627
线性格兰杰因果检验					
IMF5 不是工业产值的格兰杰原因	5.104***		IMF5 不是零售额的格兰杰原因		0.441
工业产值不是 IMF5 的格兰杰原因	3.623***		零售额不是 IMF5 的格兰杰原因		2.605***

注：最优滞后阶数根据 BIC 准则确定；*、**和***分别表示在 10%、5% 和 1% 的显著性水平下拒绝原假设；IMF5 为 IMF4 和长期趋势项相加得到的重构项。

12.5.3　内在周期驱动因素分析

IMF1 的平均周期约为 3 个半月，是电力需求的高频分量，代表着一些随机性因素和部分季节因素，其平均周期与日照时长和降水量较为接近，而且非线性格兰杰检验的效果也比较显著。通常由气象因素所引起的周期性波动不会剧烈变化，但从图 12 - 1 可以看出 2013 年以后的数据（即图 12 - 1 中 83 以后的数据），IMF1 的波动程度明显上升；而结合图 12 - 2 可以看到，2013 ~ 2015 年降水量特别是峰值明显低于 2013 年之前的部分，夏季降水减少，因而用电高峰上升，使得波动更加剧烈。

IMF2 的平均周期为 6 个月，实际上表示着一种夏冬交替现象，因为电力需求与平均气温大体呈现 U 形关系，高温时制冷和低温时制热都会导致用电量上升，因此在夏季和冬季均会出现一个用电高峰期。其平均周期大约为气温和气压的一半，同时格兰杰检验结果也比较显著，说明季节交替特别是夏季和冬季对于电力需求的内在周期变化有较大影响。IMF1 和 IMF2 二者的方差贡献率超过 1/3，在扣除方差损失之后，仍然十分显著。去除长期趋势项的方差贡献率，说明电力需求在长期上升中产生的波动主要是由 IMF1 和 IMF2 所引起的，即气温等气象因素是导致短期内电力需求周期性波动的主要原因，在经济平稳发展的时期，一旦出现极端天气情况，往往会使得电力需求波动加剧，这种频域内的变化转换到时域角度，会使得电力需求的周期性特征发生改变，甚至破坏原有的规律性。

IMF3 的平均周期与气温的平均周期一致，均为 12 个月，本质上是一年内温度由高到低再升高的周期性循环，由于代表夏季和冬季的用电高峰被分解到更高频率的 IMF2 序列，因而这种长为一年的周期性循环是相对平稳的，用电量随着温度变化而平缓变化。

IMF4 经过计算得到的平均周期约为 2 年，但从图 12 – 1 可以看出，IMF4 变动相对平缓，没有很强的规律性。我们认为，IMF4 可能代表着一些重大经济事件的影响，图 12 – 1 中 IMF4 的第 20 ~ 40 个数据之间呈现下降趋势，对应的时间段大体与金融危机相对应，说明当时经济增长放缓引起电力需求增长放缓。考虑到 IMF4 波动较小，而且近年来也没有出现过大型战争这种能够长期影响经济增长趋势的重大事件，因此将 IMF4 与长期趋势项 R 重构得到 IMF5 序列，总体上代表着由经济因素所决定的电力需求长期趋势。由表 12 – 4 的协整检验结果可以看出，IMF5 的确与实际工业产值和商品零售额等社会经济指标之间存在协整关系，而且线性格兰杰检验的结果也与传统研究相符合，表明电力需求和经济发展之间存在着长期的内在依存关系，二者相互影响、相互促进。

12.6　本章小结

本章基于完全自适应集合经验模态分解方法（CEEMDAN），对北京市电力需求的内在周期及其驱动因素进行分析，得到的结论如下：第一，北京市电力需求序列可分解为内在周期长为 3 个半月、6 个月、1 年、2 年的 IMF 序列以及一个长期趋势项；第二，非线性格兰杰检验等方法的结果表明，北京市电力需求与气象因素和经济因素密切相关，在不同因素的驱动下，产生了不同的内在周期；第三，气象因素对于电力需求具有重要作用，并且是北京市短期电力需求周期性波动的主要来源，经济增长则决定了北京市电力需求变动的长期趋势，并且二者之间存在内在依存关系，经济的发展会增加电力需求，而电力需求增加反过来也会拉动经济发展。

本章参考文献

［1］ 杨淑霞. 中国电力需求周期演变规律及转折点研究［D］. 保定：华北电力大学，2006.

［2］ 刘畅，高铁梅. 中国电力行业周期波动特征及电力需求影响因素分析：基于景气分析及误差修正模型的研究［J］. 资源科学，2011，33（1）：169 – 177.

［3］ Nerlove M. Spectral analysis of seasonal adjustment procedures［J］. Econometrica：Journal of the Econometric Society，1964，32：241 – 286.

［4］ 原艳梅，林振山，陈玲玲. 基于 EMD 的中国经济增长与能源消费的关系［J］. 长江流域资源与环境，2009，18（12）：1098 – 1102.

［5］ 牛东晓，嵇灵，劳咏昶，等. 中国电力消费与经济增长关系的实证研究［J］. 统计与决策，2013（2）：140 – 142.

［6］ Shao Z，Yang S L，Gao F. Density prediction and dimensionality reduction of mid – term electricity demand in China：A new semiparametric – based additive model［J］. Energy Conversion and Management，2014（87）：439 – 454.

［7］ Huang N E，Shen Z，Long S R，et al. The empirical mode decomposition and the Hilbert spectrum for nonlinear and non – stationary time series analysis［J］. Proceedings of the Royal Society of London A：Mathematical，Physical and Engineering Sciences. The Royal Society，1998，454（1971）：903 – 995.

［8］ Wu Z，Huang N E. Ensemble empirical mode decomposition：a noise – assisted data analysis method［J］. Advances in adaptive data analysis，2009，1（1）：1 – 41.

［9］ 阮连法，包洪洁. 基于经验模态分解的房价周期波动实证分析［J］. 中国管理科学，2012，20（3）：41 – 46.

［10］李仲飞，肖仁华，杨利军. 基于集合经验模态分解技术的中国房地产周期识别研究［J］. 经济评论，2014（4）：108 – 121.

［11］杨立勋，李瑞杰. 中国城镇游客周期测评及其影响因素动态分析［J］. 商业研究，2016（9）：187 – 192.

［12］Torres M E, Colominas M A, Schlotthauer G, et al. A complete ensemble empirical mode decomposition with adaptive noise［C］. 2011 IEEE International Conference on Acoustics, Speech and Signal Processing（ICASSP）. IEEE, 2011：4144 – 4147.

［13］Colominas M A, Schlotthauer G, Torres M E. Improved complete ensemble EMD：A suitable tool for biomedical signal processing［J］. Biomedical Signal Processing and Control, 2014（14）：19 – 29.

［14］Afanasyev D O, Fedorova E A. The long – term trends on the electricity markets：Comparison of empirical mode and wavelet decompositions［J］. Energy Economics, 2016（56）：432 – 442.

［15］邵臻，杨善林，高飞，等. 基于可变区间权重的中期用电量半参数预测模型［J］. 中国管理科学，2015，23（3）：123 – 129.

［16］Diks C, Panchenko V. A new statistic and practical guidelines for nonparametric Granger causality testing［J］. Journal of Economic Dynamics and Control, 2006, 30（9）：1647 – 1669.

［17］Yu E S H, Huang B K. The relationship between energy and GNP：Further results［J］. Energy Economics, 1984, 6（3）：186 – 190.

［18］Yu E S H, Choi J Y. Causal relationship between energy and GNP：an international comparison［J］. Journal of Energy and Development, 1985, 10（2）：249 – 272.

［19］Masih A M M, Masih R. On the temporal causal relationship between energy consumption, real income, and prices：some new evidence from Asian – energy dependent NICs based on a multivariate cointegration/vector error – correction approach［J］. Journal of policy modeling, 1997, 19（4）：417 – 440.

［20］周建，李子奈. Granger 因果关系检验的适用性［J］. 清华大学学报：自然科学版，2004，44（3）：358 – 361.

［21］贺小莉，潘浩然. 基于 PSTR 模型的中国能源消费与经济增长非线性关系研究［J］. 中国人口·资源与环境，2013，23（12）：84 – 89.

第13章 非线性和内生性视角下的
电力需求影响因素分析

本章首先构建 OLS 模型作为基准模型，针对可能存在的模型误设以及内生性问题，构建 GAM 模型和 2SGAM 模型分析经济因素和气象因素对电力需求产生的影响。

13.1 研究现状分析

（1）电力需求与经济增长间关系的研究现状

电力等能源需求的影响因素众多，经济增长是文献中出现的最常见的研究对象。Kraft 和 Kraft（1978）使用美国 1947～1974 年的数据，首次研究了电力需求和 GNP 之间的关系，发现存在 GNP 对电力需求的因果关系；林伯强（2003）的研究表明 GDP 是影响中国电力需求的最重要原因，但是产业结构的变化使得 GDP 与电力需求的增长并不同步；鄢琼伟和陈浩（2011）则进一步引入中国的技术创新、工业化所处阶段等诸多因素进行了更为全面地分析，得到了相类似的结论。Omri 和 Kahouli（2014）基于 65 个国家 1990～2011 年的面板数据，根据广义矩估计方法，发现经济增长会显著地促进能源需求。刘生龙等（2014）基于中国 28 个省市 1978～2011 年的面板数据，建立了误差修正面板模型，发现电力需求和经济增长存在长期均衡关系，短期内则存在 GDP 到电力需求的单向格兰杰原因。然而一些学者同样采用格兰杰检验和误差修正模型等方法，甚至使用同一国家或地区不同时间的数据，却得到了不同的结论。Akarca 和 Long（1980）在 Kraft 等（1978）的基础上，使用更短年限的数据，发现电力需求是 GNP 的单向格兰杰原因。Lee（2005）对 18 个发展中国家进行研究，发现能源需求始终是 GDP 的单向原因。Yu 和 Hwang（1984）的研究表明电力需求和 GNP 之间不存在格兰杰因果关系。Yu 和 Choi（1985）进一步的研究则表明不同国家之间能源和经济增长的关系并不一致，美国、英国和波兰的检验结果支持了 Yu 和 Hwang（1984）的结论，菲律宾和韩国的检验结果则揭示了因果关系的存在。Masih 等人（1997）对新加坡、马来西亚和菲律宾的研究同样支持 Yu 和 Hwang（1984）的结论，印度的能源需求是经济增长的单向格兰杰原因，印尼则相反，存在经济增长到能源需求的单向因果关系，巴基斯坦和中国台湾地区的 GDP 和能源之间则具有双向因果关系。Dergiades 等（2013）使用希腊 1960～2008 年的数据，基于参数和非参数的格兰杰因果检验结果则表明二者之间并不存在因果关系。

从上述研究可以看出，早期研究中关于经济增长和能源需求的内在依存关系的结论并不一致，在各个国家或地区之间，以及某一国家或地区不同的发展阶段上均不尽相同。一方面这是由于不同国家或地区的经济体制、发展阶段等客观因素所决定的；另一方面，也与学者们关于二者关系的假设大都以线性假设为前提有关，在此假设之下学者们运用格兰杰检验和 VAR 模型等方法来探究二者的因果关系和协整关系。近些年来，随着计量经济理论的发展，有学者开始放宽线性假设的前提条件，采用非线性的方法探究二者的关系，取得了较好的效果。赵进文和范继涛（2007）指出早期部分文献中关于能源需求和经济增长之间线性关系的假定并不客观，缺乏相应检验来支撑；他们构建了一个 Logistic 型平滑转换模型（LSTR）对中国 1953～2005 年的数据进行分析，发现经济增长对能源消费具有明显的非线性和阶段性特征，1956～1976 年数据的非线性特征比较显著，而 1977～2005 年的则以线性特征为主。贺小莉和潘浩然（2013）则基于中国多个省份 1990～2011 年的数据建立面板平滑转换模型（PSTR），结果表明经济增长对能源消费具有双门限特征，以人均 GDP 等于 12 906 元和 13 007 元为门限，不同收入水平下能源消费弹性呈现先上升后下降的特点。周四军和封黎（2016）所研究的数据呈现出非线性特征，同样以人均 GDP 为门限，在不同区制下平滑转换。Jammazi 和 Aloui（2015）提出了一种小波窗交叉验证的方法，同样表明能源需求和经济增长之间存在着非线性关联。

（2）电力需求与气象因素间关系的研究现状

除了经济增长以外，气象因素对于电力需求产生的影响也是学者们的关注点之一，特别是近些年来，电力与气象的统计数据愈加完善，对于二者之间关系的研究成为当下研究热点之一。气象因素包含温度、风速、湿度和降水量等诸多因子，从现有研究来看，气温是影响电力需求的最重要的因素。与经济增长同电力需求之间关系的研究不同，学者们关于气象因素对于电力需求的影响的观点较为一致，即认为二者之间存在比较明显的非线性关系。Le Comte 和 Warren（1981）较早地将气象因素引入电力需求的分析之中，他们使用制冷度日数（CDD）来代表气温变化，然后将其作为一个解释变量加入线性回归模型中，结果表明电力需求波动在较大程度上是由气象因素决定的。此后，学者们逐渐认识到电力与气象因素之间的紧密关系，并进行了更加深入的研究。Engle 等（1986）指出电力需求与温度之间的关系是高度非线性的，因为高温或者低温均会增加用电量，因此他们采用半参数模型来探究这种非线性关系，得到更加合理的结果。此后，Engle 等（1989），Lariviere 和 Lafrance（1999），Pardo 等（2002）人都指出气温是导致电力需求波动最重要的因素之一。Masharry 等（2005）总结到，一方面电力作为一种必需品，其需求是高度非弹性的，而且有很强的趋势成分，经济因素对于这种长期趋势起主要作用；另一方面，气象因素是影响电力波动的重要因素，电力需求和温度之间的关系是高度非线性并且比较复杂，风速和湿度都会影响电力需求。在意识到温度等气象因素和电力的复杂关系后，一些学者开始更加细致地考察不同季节下电力需求的特点。Pierrot 和 Goude（2011）基于法国每小时负荷数据的研究表明夏天和冬天的电力需求的季节性特征并不一致，特别是由于暑假和圣诞节等因素可能会使得电力负荷出现大幅波动，变化更加复杂。魏琼（2014）比较详细地总结了气象因素对于电力需求的影响，根据安徽省数据的实证研究也表明温度对于电力需求的作用是分级的，温度升高会导致用电需求快速上升。Jovanovic 等（2015）的研究发现电力需求的变化主要取决于对每日平均气温的偏离程度，冬季的家庭取暖和夏季空调制冷是导致电力需求上升的主要原因。罗慧等（2016）使用西安市 2000～2014 年的月度用电量及降水、风速和温度数据构建了回归模型，表明气温和电力需求之间呈现 U 形的关系，同时发现西安市的冬季存在着用电高峰，居民生活用电的上升削弱了春节效应导致的工业电力需求的减少。

（3）电力需求与其他因素间关系的研究现状

除经济增长和气象因素以外，电力需求特别是长期电力需求还受到产业结构变化、电价、人口、城市化等诸多因素的影响，学者们对此也进行了详细的研究。林伯强（2003）指出 GDP、电价、人口增长、产业结构变化和能源使用效率是影响中国长期能源需求的五个最重要的因素。他采用 1952 ~ 2001 年的年度数据构建回归模型，发现五个变量同电力需求间存在长期均衡关系而且均比较显著，特别是产业结构的变化会导致 GDP 增长率和电力需求增长率的偏移。谢品杰等（2016）基于面板门限效应模型的研究发现，优化产业结构即提高第三产业相对第二产业的比重，在弱电价扭曲的情况下对于电力强度影响不显著；当电价扭曲较强时，产业结构的优化则有助于降低电力强度，电价对降低区域电力强度的作用则随着电价扭曲程度的提高而上升。何晓萍等（2009）比较全面地讨论了城市化和工业化进程对于中国电力需求的影响，将这两个因素作为重要控制变量同经济增长和电力需求等因素一同构建了非线性面板模型，结果表明城市化和工业化程度提高会增加用电需求，同时二者的变化也会改变电力需求曲线的形状和峰值，比如二者的提高会推迟电力需求峰值的出现时间。梁朝晖（2010）的研究则进一步表明城市电力需求受到城市化率、城区面积和人口规模等因素影响；我国东、中、西部三地区的电力需求结构存在明显的差异，东部城市用电量巨大；同时大、中和小城市的电力需求模式也有所区别，大中城市节能效果更加明显。

综上所述，学者们对于影响电力需求的相关因素的分析已经比较全面，但是仍然存在一些值得完善的地方。①模型设定问题。电力需求是一个复杂的系统，诸多因素对于电力需求的影响可能是线性的或非线性的，即使是非线性的其形式也是未知的，关于非线性模型的选择并没有比较明确的准则，往往是基于学者的经验和主观判断。②数据结构问题。基于年度数据的研究侧重于长期内经济因素对于电力需求的影响，基于日度或小时数据的研究则只能分析短期内气象因素的作用，鲜有研究对中期电力需求进行分析。③内生性问题。电力需求和经济增长间存在着复杂的内在依存关系，由于这种双向因果关系或者测量误差等导致的内生性问题，在某些情况下，会使估计结果出现偏差。刘凤朝等（2007）的研究表明，现阶段中国经济增长和能源消费之间已经表现出内生相互联系的特征。

针对以上问题，本章基于北京市的相关数据，对电力需求和经济增长、气象因素之间的关系进行实证研究，其主要创新如下。

（1）通过构建广义可加模型（GAM）来避免模型误设问题。与参数模型相比，非参数或半参数模型，不需要对模型进行事先假定或者仅需要少量假定，因而可以克服模型误设和参数估计偏误等一些问题，使模型更接近于真实状况。因而一些学者通过构建半参数或非参数模型，分析电力需求的影响因素，但仍存在一些不足。如陈文静与何刚（2007）构建的半参数模型中，将经济增长设定为线性形式，实际上二者之间的关系可能是非线性的；徐盈之和王进（2013）的非参数模型则只研究了能源消费和经济增长两个变量，没有控制气温等变量的影响。此外，虽然非参数模型相比参数模型更加灵活，但传统的非参数模型仍然存在"维数灾难"、模型解释能力较差等问题。Hastie 和 Tibshirani（1986）提出了广义可加模型（GAM），通过调整因变量的条件期望函数形式与可加模型相结合，能够更加有效准确地揭示变量之间的线性及非线性关系。

（2）基于北京市月度数据，将经济增长和气象因素的作用同时纳入模型分析。一般而言大型城市的电力需求特征较为复杂，而且较高的城市化水平使得气温对于电力需求的影响更为显著。并且相对于年度数据和日度数据，月度数据既能体现经济因素对于电力需求的影响，也能反映出气象因素的作用。而且由于数据获取相对困难，鲜有研究关注大型城市月度电力需求特征。

（3）构建两阶段广义可加模型（2SGAM）对内生性问题进行修正。考虑到电力需求和经济增长建模时可能存在的内生性问题，首先构建一个简单的 OLS 模型，并根据 Durbin – Wu – Hausman 检验对内生性问题进行检验；然后分别构建 GAM 模型和修正了内生性问题的 2SGAM 模型进行对比，分析经济增长和气象因素对于北京市电力需求的影响。

13.2 研究方法介绍

13.2.1 广义可加模型

与 OLS 模型相比, Hastie 和 Tbishirani (1986) 提出的广义可加模型 (GAM) 仅要求可加性和 $E(\varepsilon \mid X) = 0$, 可以包含非参数成分, 通常具有如下形式:

$$g(E(Y \mid X)) = \sum \beta_j X_j + \sum f_i(X_i) \tag{13.1}$$

其中被解释变量 Y 一般服从某些指数分布族, $g(?)$ 为连接函数, 取决于被解释变量分布的具体形式。X_j 为某些严格服从参数形式的解释变量, β_j 为与之对应的参数, $f_i(?)$ 为对应解释变量 X_i 的平滑函数。广义可加模型具有非常灵活的设定形式, 通常将模型设定为仅包含平滑函数而不指定具体的参数关系, 可以更加客观地解释变量之间存在的线性及非线性关系。GAM 的求解可以使用回切法 (backfitting) 或者核估计、光滑样条估计等, 其中光滑参数可以根据广义交叉验证 (GCV) 或者受限极大似然估计 (REML) 等方法确定。

13.2.2 两阶段广义可加模型

Marra 和 Radice (2011) 提出了两阶段广义可加模型 (2SGAM) 解决广义线性模型族中存在的内生性问题, 该模型估计方法与两阶段最小二乘 (2SLS) 和 Hausman 检验相类似, 可以得到一个一致的模型估计结果, 有学者如高凌云等人 (2012) 使用该方法控制 GAM 模型中变量的内生性问题, 取得了良好的效果。2SGAM 模型的估计分为如下两个阶段。

(1) 以存在单个内生变量的模型为例, 构建一个辅助 GAM 回归方程 $f(\cdot)$, 将内生变量 x_1 与工具变量 z 进行回归, 其中 z 包含模型内的外生变量和模型外的工具变量, 此时可以得到残差的估计值:

$$\hat{e} = x_1 - f(z) \tag{13.2}$$

(2) 再次拟合一个 GAM 方程 $g(\cdot)$:

$$y = g(z, \hat{e}) + error \tag{13.3}$$

Marra 和 Radice (2011) 指出通过导入一阶段的残差估计值 $\hat{e}$, 可以一致地估计内生解释变量对于被解释变量的线性或非线性影响，并且 2SGAM 模型的计算简单直接，实际上相当于求解 GAM 模型两次。

13.3　基于 OLS 的电力需求分析

13.3.1　变量的描述性统计

本章选用北京市月度用电量（以亿千瓦时为单位）度量电力需求，选用北京市实际月度工业产值（以十亿元为单位）以及实际消费品零售额（以十亿元为单位）反映经济增长。月度平均气温（以摄氏度为单位）、降水量（以毫米为单位）、日照时数（以小时为单位）和平均气压（以千帕为单位）作为影响北京市电力需求的气象因素指标。本章的数据跨度为 2006 年 3 月至 2015 年 12 月，数据来源为国家电网、北京市统计局和《北京统计年鉴》，各变量的描述性统计详见表 13-1。

表 13-1　各变量描述性统计

变量名称	均值	标准差	最小值	最大值	观测数
电力需求	61.90	9.85	43.82	85.19	118
工业产值	112.01	31.67	58.58	186.76	118
商品零售额	55.17	19.05	26.02	100.32	118
平均气温	13.59	10.75	-4.8	28.60	118
降水量	45.57	57.30	0	284.00	118
日照时数	201.09	40.10	107.90	286.80	118
平均气压	101.24	0.88	99.72	102.83	118

13.3.2　变量选取及 OLS 模型估计结果

首先建立 OLS 模型分析经济和气象因素对北京市电力需求产生的影响。通常而言，不同经济因素可能表现出较强的趋势性，而气温和气压等一些气象因素之间也是密切相关，各解释变量可能存在较为严重的共线性问题。观察各变量间的相关系数，结果如表 13-2 所示。

可以看出，工业产值（简称 ind）和商品零售额（con）与电力需求间存在着较强的线性相关关系，而平均气温（qw）、降水量（js）、日照时数（rz）和平均气压（qy）与电力需求间的线性相关关系很弱，实际上电力需求与温度之间的关系往往是高度非线性的，因此线性相关系数检验结果参考意义有限。工业产值和商品零售额之间的线性相关系数高达 0.94 且十分显著，二者均体现了经济增长的长期趋势，而考虑到工业用电与工业产值密切相关，故只保留工业产值作为影响电力需求的经济因素指标。平均气温和气压之间也存在着较强的线性相关关系，因为通常平均气温较高时气压较低；同时由于气压、降水量和日照时长之间也存在显著的线性相关关系，结合表 13-1，平均气压一项变化较小，因此保留研究中常用的平均气温项，删除气压这一指标项。虽然降水和平均气温项之间也有较强的相关关系，但这是因为夏天时温度和降水量都比较高导致的，在其他季节降水量通常为零，因此保留降水量。最终选择平均气温、降水量和日照时数作为影响电力需求的气象因素指标。

表 13-2　变量间线性相关系数表

	ec	ind	con	qw	js	rz	qy
ec	1.00						
ind	0.69***	1.00					
con	0.70***	0.94***	1.00				
qw	−0.17*	−0.04	−0.07	1.00			
js	0.12	0.03	0.01	0.68***	1.00		
rz	−0.19**	−0.01	−0.01	0.22**	−0.12	1.00	
qy	0.194	0.08	0.12	−0.94***	−0.70***	−0.25***	1.00

注：*、** 和 *** 分别表示在 10%、5% 和 1% 的置信水平下显著。

表 13-3　OLS 回归模型估计结果

解释变量	系数	稳健标准误
工业产值	0.207 5***	0.013 3
平均气温	−1.636 6***	0.141 5
气温平方项	0.058 4***	0.006 1

续表

解释变量	系数	稳健标准误
降水量	0.147 6	0.010 4
日照时长	0.002 6	0.016 3
常数项	42.219 3***	2.671 9
调整 R^2	0.770 1	
F 统计量	86.40***	

注:*、**和***分别表示在 10%、5% 和 1% 的置信水平下显著。

与传统研究相类似,本章所建立参数 OLS 模型引入气温的平方项考察电力需求和平均气温间的非线性关系,模型估计结果详见表 13 - 3。调整的可决系数约为 0.77 说明模型拟合效果较好,而 F 统计量十分显著,说明所选取的经济和气象指标对电力需求的联合影响十分显著。工业产值的系数为正且十分显著,说明经济增长对于电力需求的拉动作用比较明显。气温的平方项显著表明电力需求与平均气温之间的确存在正 U 形的非线性关系,温度较高或者较低均会使得电力需求增加,经计算可得平均气温的转折点为 14 摄氏度,与平均气温的均值十分接近。降水量和日照的系数均不显著,结合表 13 - 2,这两个解释变量与电力需求之间的线性相关程度较弱,由于其与电力需求间的非线性关系并不十分明确,因此暂时保留其在模型中起控制作用,此处不再详细分析,而是在下文中基于广义可加模型来分析其对电力需求的具体影响。

13.3.3　内生性检验

关于电力等能源需求影响因素的研究,基于数据类型主要可分为两类。一类文章主要使用年度数据,由于是基于低频数据,此时气象因素对于电力需求的作用不明显,因此这类文章主要考察能源需求和经济增长、产业结构等经济因素之间的关系。现有研究表明,能源需求和 GDP 等经济影响因素间存在着长期协整关系,学者们通过建立误差修正(ECM)或者向量自回归模型(VAR)等,将能源需求纳入整个经济运行系统之中,因而模型很少单独分析内生性问题。另一类文章则通常基于短期内的日度甚至小时等高频数据,此时经济状态通常比较稳定，对于电力需求的影响有限，因而往往侧重于分析气象因素等一些外生变量对于电力需求的影响，此时也无须考虑内生性问题。

本章的分析是基于月度数据，此时经济和气象因素对于电力需求均有较为显著的影响。前文所构建的 OLS 模型并没有考虑到可能存在的内生性问题，但实际上，影响电力需求的因素可能对工业产值也存在着一定影响，同时一些研究表明能源消费和经济增长之间可能具有双向因果关系。由于存在着遗漏解释变量、测量误差以及反向因果关系的作用，上文所构建的 OLS 模型可能存在着内生性问题，因此通过 Hausman 检验来进行判断。

由于模型中气温等气象因素可视为外生变量，产生内生性问题的变量只有代表经济增长的工业产值项，采用滞后一期的工业产值作为工具变量进行 Hausman 检验。事实上，使用滞后多期的工业产值作为工具变量进行检验，结果差异很小，均显著拒绝原假设。传统的 Hausman 检验不适用于存在异方差的情形，本章采用更为稳健的 Durbin – Wu – Hausman 检验，其中 Durbin 统计量为 5.037 1，Wu – Hausman' F 统计量为 4.994 2，二者均在 5% 的显著性水平下拒绝原假设，表明所估计模型存在一定程度上的内生性问题。但是考虑到建立的参数回归模型只是做一个探索性分析的作用，因而此处不再对内生性问题展开修正和讨论。

13.4 基于 GAM 的电力需求分析

13.4.1 GAM 模型设定和检验

气象因素对于电力需求的作用往往是复杂非线性的，实际上，经济因素对于能源需求的作用也比较复杂，一些学者通过构建平滑转换（STR）模型来分析二者之间的非线性关系。如徐盈之和王进（2013）指出我国东部高收入地区的经济增长和能源消费之间具有倒 U 形联系。因此，本章在构建广义可加模型（GAM）时，先验设定代表经济因素和气象因素的所有解释变量与电力需求之间存在非线性关系。类似线性回归模型中的多重共线性问题，在对广义可加模型进行参数估计时，也可能出现共曲线性现象。一般而言，当自变量间存在着较为显著的共线性关系时，也容易出现共曲线性现象。因而在实际操作中，往往是结合相关经济理论及共线性检验的结果来判断并剔除引起共曲线性问题的变量。结合参数回归部分分析，本章所构建的 GAM 模型最终选择北京市实际工业产值、平均气温、降水量和日照时数作为解释变量。完成变量选取之后，需要确定 GAM 模型的连接函数，图 13-1 给出了电力需求的核密度估计图，可以看到其形状近似正态分布，而且 JB 检验的 p 值为 0.1372，无法拒绝正态分布的原假设，故本章模型设为高斯分布族，选取 identity 连接函数。

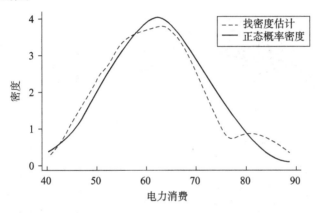

图 13-1 电力需求核密度估计

13.4.2 GAM 模型估计结果

对 GAM 进行估计时会得到 Gain 统计量，该统计量度量 GAM 回归和线性回归所得预测变量正规化偏差，渐近服从卡方分布，其原假设为解释变量和被解释变量之间存在线性关系。从表 13-4 可以看到，平均气温和降水量与电力需求之间具有显著的非线性关系，而工业增加值和日照时长与电力需求之间则近似于存在线性关系。GAM 估计结果详见图 13-2，可以看到北京市电力需求与工业产值正相关，表明能源消费电力需求随着北京市经济规模的扩张而逐渐上升。

表 13 - 4　GAM 非参数项 Gain 统计量

解释变量	Gain 统计量	P - Value
工业产值	6.29	0.226 1
气温	219.35	0
降水	9.45	0.023 9
日照时长	0.97	0.158 3
Total Gain	236.06	0

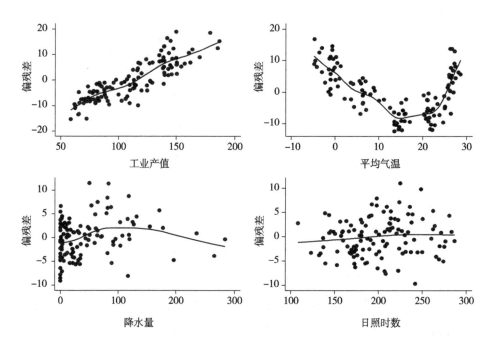

图 13 - 2　GAM 回归的成分残差图

　　平均气温对于北京市消费的影响具有十分明显的非线性特征，在气温较高和较低时电力需求消费均显著上升，这可能是由于空调等温度调节设备的使用所引起的，实际上随着居民和第三产业电力需求不断增加，气温等气象因素对于电力需求的影响更加显著，这也在一定程度上解释了北京市的电力需求波动逐渐加强的现象。与传统研究相比，GAM 模型关于平均气温对电力需求的影响刻画地更加细致，与简单添加气温的平方项不同，GAM 模型显示，平均气温的下降引起的电力需求降低相对平缓，而平均气温上升时则会导致电力需求迅速上升。参数回归模型中，估计得到平均气温的拐点为 14 摄氏度，而通过 GAM 模型可以看出，实际上在 14 摄氏度到 22 摄氏度的区间上，气温对于电力需求的影响较小，因为这个温度段对人体而言比较舒适，而超过 22 摄氏度向 30 摄氏度上升时，电力需求对温度的变化则十分敏感。实际上由于近几年来人民生活水平不断提高，空调等设备在商场、办公楼和居民家庭广泛普及，因而夏季温度上升到一定程度时，人们会大量使用空调等制冷降温设备，使得电力需求急剧攀升。

降水量和日照时数对于北京市电力需求的作用不明显。应注意的是，虽然降水量数据主要集中在 0 附近，但出现的几个较高的降水量却使得电力需求下降，这可能是因为强降雨天气对企业的生产和人们生活造成不便所引起的。引入日照时数是考虑到照明设备对于电力需求的影响，但不管是参数回归模型还是 GAM 模型，日照时数的效果均不明显，这可能是商场和办公楼等地的照明设备主要由营业和上班时间决定，家庭的照明设备主要由下班时间决定，因此整体而言相对固定，使得照明设备的耗电相对平稳所引起的。

13.5 基于 2SGAM 模型的电力需求分析

正如前文所指出，由于可能存在遗漏解释变量以及反向因果关系等原因，模型可能存在一定程度的内生性问题，因而所得参数估计可能是有偏且非一致的。本章运用 Marra 和 Radice（2010）提出的两阶段广义可加模型（2SGAM）来进一步验证各经济因素和气象因素对电力需求的影响。由于平均气温等气象因素在理论上可以排除内生性的存在，结合前文参数回归部分的分析并参照 Yatchew（2003）的做法，选择实际工业产值的一期滞后作为工具变量，实际上，使用多期滞后充当工具变量时，模型估计结果差异较小。虽然对内生性问题的处理很大程度上取决于工具变量的有效性，但是 Johnston 等（2008）指出，在可能存在遗漏解释变量等情况下，即使是使用不完美的工具变量进行分析，依旧比只是进行回归更加全面。

表 13-5 给出了在控制工业产值的内生性之后 2SGAM 回归的 Gain 统计

量,与表 13-4 相比最大的区别在于工业产值一项的非线性特征变得相对显著。平均气温和降水量对电力需求仍存在显著的非线性影响,而日照时数的影响仍然较弱。从图 13-3 可以看出,与 GAM 模型相比,在控制非参数项的内生性之后,平均气温、降水量和日照时数的估计并没有发生明显改变,而工业产值的估计则变得更加平滑,呈现出一定的平滑转换特征,这也与其他一些学者的研究相符。可以看出北京市经济增长对于电力需求的作用并非一成不变,而是具有非线性的依存关系,近几年来经济增长对于电力需求的拉动逐渐平缓。仔细观察可以看出工业产值在横坐标为 100(亿千瓦时)附近是相对平缓的,对应的时间点为 2010 年左右,这段时间正是北京市发展绿色经济、深入推动节能减排的重要时期。"绿色北京"(2010~2012 年)要求一些高耗能重工业完成搬迁工作,如 2010 年石景山区首钢的冶炼、热轧项目实现停产,还要完成大量落后能耗设备的淘汰。由于产业结构的调整,2010 年左右北京市经济发展对电力需求的拉动作用较弱,此后工业产值一项的系数变动趋势可能与 2010 年之前也不一致。事实上近几年,在北京市经济发展到一定程度,产业结构调整逐渐完成,高能耗产业迁移的情况下,也很难假定经济增长对于北京市电力需求的作用是线性不变的。总体而言,在控制了内生性之后模型的估计结果也比较稳健,说明 2SGAM 能够有效地刻画经济和气象因素对于北京市电力需求的影响。

表 13-5 2SGAM 非参数项 Gain 统计量

解释变量	Gain 统计量	P - Value
ind	10. 37	0. 058 2
qw	220. 851	0
js	15. 281	0. 032 7
rz	0. 746	0. 196 0
Total Gain	249. 36	0

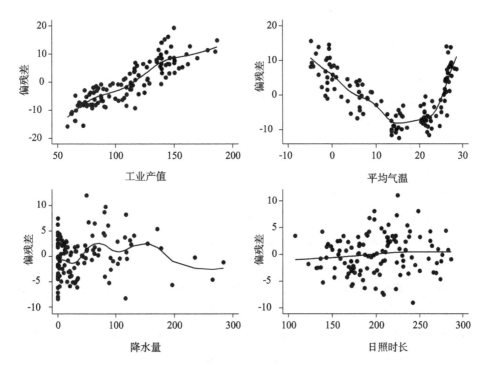

图 13-3　2SGAM 回归的成分残差图

13.6　本章小结

　　本章通过构建两阶段广义可加模型（2SGAM），基于北京市数据，在非线性和内生性视角下研究了经济增长和气象因素对于电力需求的影响，结果表明气象因素和电力需求之间存在着显著的非线性关系。与 OLS 模型相比，2SGAM 模型的参数结果更加精确，随着平均气温从零下逐渐上升，电力需求先平缓降低，然后在 14 摄氏度至 22 摄氏度之间保持平缓上升，当平均气温超过 22 摄氏度以后，电力需求开始随着温度上升而迅速升高。在控制了模型的内生性问题之后，代表经济增长的工业产值与电力需求之间的非线性关系变得相对显著，呈现出一定的平滑转换的特征，转换时点在 2010 年左右，正是北京市发展绿色经济、深入推动节能减排的重要时期。2SGAM 模型相对于 OLS 和 GAM 模型，能够更加准确地描述经济增长和电力需求之间的非线性相依关系。

本章参考文献

［1］ Kraft J, Kraft A. On the Relationship between Energy and GNP［J］. Journal of Energy and Development, 1978, 3（2）: 401 – 403.

［2］ 林伯强. 电力消费与中国经济增长: 基于生产函数的研究［J］. 管理世界, 2003（11）: 18 – 27.

［3］ 鄢琼伟, 陈浩. GDP 与能源消费之间的关系研究［J］. 中国人口·资源与环境, 2011, 21（7）: 13 – 19.

［4］ Omri A, Kahouli B. Causal relationships between energy consumption, foreign direct investment and economic growth: Fresh evidence from dynamic simultaneous – equations models［J］. Energy Policy, 2014（67）: 913 – 922.

［5］ 刘生龙, 高宇宁, 胡鞍钢. 电力消费与中国经济增长［J］. 产业经济研究, 2014（3）: 71 – 80.

［6］ Akarca A T, Long T V. Relationship between energy and GNP: a reexamination［J］. Journal of Energy and Development, 1980, 5（2）: 326 – 331.

［7］ Lee C C. Energy consumption and GDP in developing countries: acointegrated panel analysis［J］. Energy economics, 2005, 27（3）: 415 – 427.

［8］ Yu E S H, Huang B K. The relationship between energy and GNP: Further results［J］. Energy Economics, 1984, 6（3）: 186 – 190.

［9］ Yu E S H, Choi J Y. Causal relationship between energy and GNP: an international comparison［J］. Journal of Energy and Development, 1985, 10（2）: 249 – 272.

［10］ Masih A M M, Masih R. On the temporal causal relationship between energy consumption, real income, and prices: some new evidence from Asian – energy dependent NICs based on a multivariate cointegration/vector error – correction approach［J］. Journal of policy modeling, 1997, 19（4）: 417 – 440.

［11］ Dergiades T, Martinopoulos G, Tsoulfidis L. Energy consumption and economic growth: Parametric and non – parametric causality testing for the case of Greece［J］. Energy economics, 2013（36）: 686 – 697.

［12］ 赵进文, 范继涛. 经济增长与能源消费内在依从关系的实证研究［J］. 经济研究, 2007（8）: 31 – 42.

［13］ 贺小莉, 潘浩然. 基于 PSTR 模型的中国能源消费与经济增长非线性关系研究［J］.

中国人口·资源与环境，2013，23（12）：84－89.

［14］周四军，封黎. 我国能源效率与经济增长关系研究：基于 PSTR 模型的实证［J］. 湖南大学学报：社会科学版，2016，30（2）：81－86.

［15］Jammazi R，Aloui C. On the interplay between energy consumption，economic growth and CO2 emission nexus in the GCC countries：A comparative analysis through wavelet approaches［J］. Renewable and Sustainable Energy Reviews，2015（51）：1737－1751.

［16］Le Comte D M，Warren H E. Modeling the impact of summer temperatures on national electricity consumption［J］. Journal of Applied Meteorology，1981，20（12）：1415－1419.

［17］Engle R F，Granger C W J，Rice J，et al. Semiparametric estimates of the relation between weather and electricity sales［J］. Journal of the American statistical Association，1986，81（394）：310－320.

［18］Engle R F，Granger C W J，Hallman J J. Merging short－and long－run forecasts：An application of seasonal cointegration to monthly electricity sales forecasting［J］. Journal of Econometrics，1989，40（1）：45－62.

［19］Lariviere I，Lafrance G. Modelling the electricity consumption of cities：effect of urban density［J］. Energy economics，1999，21（1）：53－66.

［20］Pardo A，Meneu V，Valor E. Temperature and seasonality influences on Spanish electricity load［J］. Energy Economics，2002，24（1）：55－70.

［21］McSharry P E，Bouwman S，Bloemhof G. Probabilistic forecasts of the magnitude and timing of peak electricity demand［J］. IEEE Transactions on Power Systems，2005，20（2）：1166－1172.

［22］Pierrot A，Goude Y. Short－term electricity load forecasting with generalized additive models［J］. Proceedings of ISAP power，2011.

［23］魏琼. 基于安徽省统计数据的电力需求预测模型研究［D］. 合肥：安徽大学，2014.

［24］罗慧，徐军昶，肖波，等. 气象因子对西安城市用电量的影响研究及中长期系统化预测［J］. 气象，2016，42（1）：54－60.

［25］林伯强. 结构变化、效率改进与能源需求预测：以中国电力行业为例［J］. 经济研究，2003（5）：57－65，93.

［26］谢品杰，朱文昊，谭忠富. 产业结构、电价水平对我国电力强度的非线性作用机制［J］. 现代财经·天津财经大学学报，2016，36（1）：56－69.

［27］何晓萍，刘希颖，林艳苹. 中国城市化进程中的电力需求预测［J］. 经济研究，

2009, 44 (1): 118 - 130.

[28] 梁朝晖. 中国城市电力消费的影响因素: 基于地级城市面板数据的实证分析 [J]. 上海经济研究, 2010 (7): 22 - 30.

[29] 刘凤朝, 刘源远, 潘雄锋. 中国经济增长和能源消费的动态特征 [J]. 资源科学, 2007, 29 (5): 63 - 68.

[30] 陈文静, 何刚. 电力消费及其影响因素: 基于非参数模型的研究 [J]. 系统工程理论与实践, 2009, 29 (5): 92 - 97.

[31] 徐盈之, 王进. 我国能源消费与经济增长动态关系研究: 基于非参数逐点回归分析 [J]. 软科学, 2013, 27 (8): 1 - 5, 10.

[32] Hastie T, Tibshirani R. Generalized Additive Models [J]. Statistical Science, 1986, 1 (3): 297 - 318.

[33] Marra G, Radice R. A flexible instrumental variable approach [J]. Statistical Modelling, 2011, 11 (6): 581 - 603.

[34] Yatchew A. Semiparametric regression for the applied econometrician [M]. Cambridge: Cambridge University Press, 2003.

[35] Johnston K M, Gustafson P, Levy A R, et al. Use of instrumental variables in the analysis of generalized linear models in the presence of unmeasured confounding with applications to epidemiological research [J]. Statistics in medicine, 2008, 27 (9): 1539 - 1556.

第 14 章 北京市电力需求预测分析

本章的目的是运用第 11 章提出的多尺度组合模型对北京市的未来电力需求进行预测和分析，并提出有关建议。

14.1 数据来源

选用北京市 2006 年 3 月至 2016 年 6 月的月度用电量数据作为北京市电力需求的指标，数据来源为国家电网。为了保证预测能够反映出全年电力需求的变动，同时考虑到数据的长度，选用 2006 年 3 月至 2015 年 6 月共 112 个数据为训练集，2015 年 7 月至 2016 年 6 月共 12 个数据为测试集。

14.2 北京市电力需求序列分解

由于 CEEMDAN 与 EEMD 相同，均适用于平稳及非平稳的数据，故本章不再进行相关检验。与第 12 章结果相同，对训练集的数据进行 CEEMDAN 分解，可以获得 4 个本征模态函数（IMF）以及一个残差序列（R），分解结果参照图 14 - 1 左半部分。其中，IMF1 至 IMF4 分别为频率从高到低的 4 个 IMF 分量，R 为代表趋势项的剩余分量。为了与 CEEMDAN 方法进行比较，同样对训练集数据使用 EEMD 方法进行分解，如图 14 - 1 右半部分所示，由于需要进行多次平均消除所添加的白噪声的影响，EEMD 分解后得到一个冗余的 IMF5 分量。

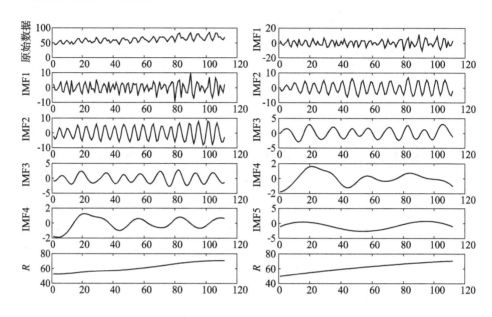

图 14 - 1　北京市电力需求的 CEEMDAN 与 EEMD 分解示意图

表 14 - 1 给出了 CEEMDAN 分解产生的子序列的部分统计特征。可以看出 IMF1 的平均周期约为 3 个半月，这反映了北京市用电量的季节性波动；而 IMF2 的平均周期约为半年。从图 14 - 1 的原始数据可以看出，北京市在夏季和冬季时均会出现用电高峰，说明 CEEMDAN 方法能够将这种周期半年的从夏季到冬季的季节性变动分离出来。此外 IMF1 和 IMF2 的方差贡献率较高，说明季节性因素对北京市的用电波动具有较大影响。IMF3 平均周期则约为一年，可以看作用电量波动的循环周期，是影响北京市用电量波动的组成部分之一。实际上经过计算可得 IMF3 的平均周期与北京市平均气温的周期几乎完全一致，说明 IMF3 反映了去除夏季和冬季用电高峰影响后，由平均气温周期循环所引起的北京市电力需求循环。IMF4 经过计算得到的平均周期约为 2 年，可能是由于库存周期变动等因素引发的经济波动，进而引起的电力需求周期性循环，但从数量级上来看，IMF4 对原始序列的影响较小。从表 14 - 1 还可以看出，CEEMDAN 在分解过程中出现了一定程度的方差损失现象，这在数据长度较短时难以避免，而且在其他一些使用 EMD 和 EEMD 方法的文献中也出现过，但总体来看影响并不大，特别是高频项部分的波动得到了较为有效的保留，说明分解效果较为良好。

表 14 - 1 IMF 分量的统计特征

分量	平均周期	方差贡献率	$V_i / \sum V_i$
IMF1	3.56	12.93%	16.42%
IMF2	6.06	20.14%	25.57%
IMF3	11.82	2.21%	2.81%
IMF4	28	0.72%	0.91%
R	NA	42.75%	54.29%

注: V_i 为分解后相应 IMF 子分量的方差。

14.3 分量序列重构

在实际预测工作中,为了降低工作量,通常会选择关联度较高的子分量进行重构以保留主要信息。从图 14 - 1 可以看出,部分 IMF 分量呈现出明显的非线性特征,笔者检验了 IMF 分量和剩余分量 R 之间的相关系数,发现其绝对值大多较小且在统计上不显著,限于篇幅这里不再列出。最大信息系数(MIC)是一种能够有效衡量变量间非线性关系的测度方法,本章计算了CEEMDAN 分解后各子分量之间的 MIC,结果如表 14 - 2 所示。考虑到子分量之间的 MIC 以及波动频率,将 IMF1 与 IMF2 重构为高频项,保留 IMF3 为低频项,将 IMF4 和 R 重构为长期趋势项,关于重构分量的部分统计特征详见表14 - 3。

表 14 - 2 IMF 序列之间的 MIC

	IMF1	IMF2	IMF3	IMF4	R
IMF1	1.000 0				
IMF2	0.407 8	1.000 0			
IMF3	0.231 8	0.220 3	1.000 0		
IMF4	0.215 7	0.236 3	0.224 6	1.000 0	
R	0.236 8	0.255 9	0.364 6	1.000 0	1.000 0

表 14 -3　　重构序列的统计特征

分量	平均周期	方差贡献率	$V_i / \sum V_i$
高频项	4.23	50.36%	51.10%
低频项	11.82	2.21%	2.25%
长期趋势项	NA	45.99%	46.66%

注：V_i 为重构后相应分量的方差。

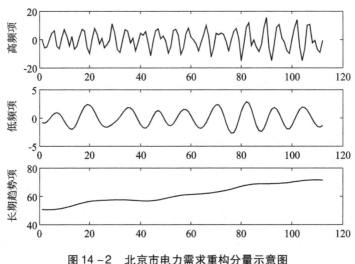

图 14 -2　　北京市电力需求重构分量示意图

　　从表 14 -3 可以看出，重构后的高频项的周期约为 4 个月，可以看作是季节性因素的影响。一般而言，电力需求受季节性因素影响较大，北京作为一座现代化水平较高的城市，夏季制冷和冬季取暖会使得电力需求大幅上升；高频项的方差贡献率达到了 50.36%，说明电力需求随季节变化波动剧烈。重构后的低频项为原来的 IMF3，代表着用电量的一种循环波动成分，其方差贡献率以及数量级均较小，对于用电量的影响较为有限。重构后的长期趋势项部分由原来的剩余分量 R 及 IMF4 构成，如图 14 -2 所示呈现出一种上升趋势，电力需求的长期走势通常是由经济增长所决定的，即重构后的长期趋势项反映了经济因素对于电力需求的影响。从图 14 -1 可以发现，北京市电力需求的原始数据具有一种循环增长的趋势，其中循环部分是由高频项和低频项所决定，而增长部分则由长期趋势项所决定。对比表 14 -1 及表 14 -3，重构分量的方差贡献率提高，表明主要信息得以保留；结合分量的数量级和方差贡献率，说明北京市的电力需求序列的确表现出较强的多尺度特征，适合构建多尺度预测模型。

14.4　北京市电力需求预测及对比分析

根据多尺度预测模型的构建步骤，接下来运用 Elman 神经网络预测重构得到三个序列。为了检验模型的外推预测效果，使用滚动预测的方式对模型进行训练和预测。例如，选定 2015 年 7 月至 2016 年 6 月的数据为测试集，使用 2014 年 7 月至 2015 年 6 月的数据预测得到 2015 年 7 月的数据，使用 2014 年 8 月至 2015 年 6 月的真实数据以及上一步预测得到的 2015 年 7 月的数据来预测 2015 年 8 月的数据，以此类推滚动预测，最终得到重构序列在整个测试集上的预测值。在使用 Elman 神经网络分别对重构后的高频项、低频项和长期趋势项外推预测之后，将得到的各子序列使用训练好的 SVR 模型集成。由于 SVR 对参数的选取很敏感，将使用遗传算法（GA）优化 SVR 的参数选择过程，进一步提高模型的预测精度。

本章采用平均绝对百分比误差（MAPE）和正则均方误差（NMSE）作为准则进行模型间的比较，这两个指标的值越小，表明模型的预测精度越高，其具体计算公式如下：

$$MAPE = \frac{1}{n} \sum_{i-1}^{n} \left| \frac{y(t) - \widehat{y}(t)}{y(t)} \right|$$

$$NMSE = \frac{1}{n \delta^2} \sum_{i-1}^{n} (y(t) - \widehat{y}(t))^2$$

其中，δ^2 为测试集样本方差。

为了验证本篇模型（CEEMDAN – Elman – GA – SVR）的有效性，以测试集上的 MAPE 与 NMSE 为标准，与其他一些模型进行比较，结果见表 14 – 4。

表 14 – 4　不同模型预测性能比较

模型	MAPE	NMSE	模型	MAPE	NMSE
本篇模型	3.2%	0.113 7	EEMD – Elman – GA – SVR	6.5%	0.436 4

模型	MAPE	NMSE	模型	MAPE	NMSE
ARIMA	7. 23%	0. 540 5	CEEMDAN – 无重构 – Elman – GA – SVR	5. 2%	0. 318 9
SVM	14. 25%	2. 154 7	CEEMDAN – Elman – SVR	7. 09%	0. 750 4
Elman	8. 42%	0. 625 6	CEEMDAN – Elman – CV – SVR	3. 9%	0. 153 6
EMD – Elman – GA – SVR	13. 68%	1. 606 6	CEEMDAN – SVM – GA – SVR	4. 56%	0. 388 9

主要结论如下：①可以发现，与 ARIMA、SVM 和 Elman 神经网络这些单模型预测方法相比，包括本篇模型在内的多尺度预测模型总体表现更好。②为了验证 CEEMDAN 分解的有效性，同样构建了基于 EMD 和 EEMD 分解的多尺度预测模型，为了保证可比性，所有多尺度模型均使用与本篇模型相同的滚动预测的方法，并且基于 EMD 和 EEMD 的多尺度模型使用与本篇模型相同的判别准则进行重构，结果表明使用 CEEMDAN 分解的本篇模型优于另外两个模型，实际上包括本篇模型在内的基于 CEEMDAN 分解的多尺度预测模型整体上优于基于 EMD 和 EEMD 分解的模型。③此外，我们还与跳过重构步骤的模型（CEEMDAN – 无重构 – Elman – GA – SVR）进行了比较，可以看出，重构后的模型预测效果更好，这主要是因为重构分量的方差贡献率更高（这一点在上文进行了论述），因此，在进行样本外预测时效果要更好。值得注意的是，由于进行了重构，本篇模型预测所耗费时间要短于未重构模型，数据越长，分解产生的子分量越多，重构模型在计算效率上的优势越明显。④与未进行参数优化（CEEMDAN – Elman – SVR）和使用交叉验证进行参数优化的模型（CEEMDAN – Elman – CV – SVR）进行了对比分析，结果表明，使用遗传算法（GA）优化参数的本篇模型预测精度更高，但是耗时也相对更长。同时，与对每个重构分量使用 SVM 进行预测的模型进行了比较，其中预测每个重构分量的 SVM 都使用了 GA 进行参数优化，这一模型由于反复调用 GA 算法，因而耗时较长，但结果显示本篇模型表现更优秀。

综上所述，本篇构建的多尺度预测模型预测效果优于 ARIMA 等单模型预测方法，同时也优于其他一些多尺度预测方法。图 14 – 3 为测试集上不同模型之间的预测对比示意图，由于比较的模型较多，全部包含在图中会影响可读性，因此结合上文分析和本章主要创新点，最终选择 Elman、EEMD - Elman - GA - SVR、CEEMDAN - 无重构 - Elman - GA - SVR 及 CEEMDAN - SVM - GA - SVR 四个模型在图中作为参照。从图 14 - 3 可以看出，本篇模型预测值在整体上与真实数据拟合良好，优于其他几类模型，预测趋势与真实数据变动完全一致，同时在夏季和冬季用电高峰期的预测表现良好，依然优于其他几类模型。

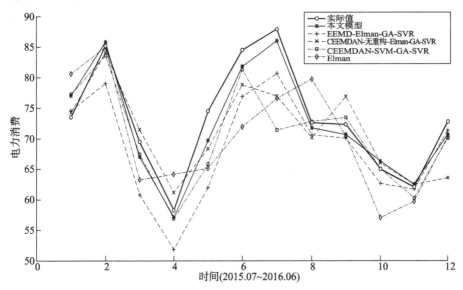

图 14 - 3　测试集内北京市电力需求预测对比示意

14.5　本章小结

本章运用第 11 章所提出的多尺度模型对北京市的电力需求进行预测分析。首先，运用改进的 CEEMDAN 方法对电力需求序列进行分解；其次，计算分解得到的子分量之间的最大信息系数，结合最大信息系数及子分量的频率等进行重构，这样做既能保留变量的有效信息，又降低了预测的工作量；然后对重构得到的不同尺度下的子序列，使用具有良好的动态信息处理能力的 Elman 神经网络进行预测；最后，利用 SVR 对各子序列的预测值集成，考虑到 SVR 对参数的选取相对敏感，因而使用 GA 进行参数寻优处理。实证结果表明，本篇所构建的多尺度预测模型性能优于 ARIMA 等单模型预测方法，同时采用 CEEMDAN 分解的模型预测表现也超过基于 EMD 和 EEMD 分解的多尺度模型。此外，本篇构造的 CEEMDAN – MIC – Elman – GA – SVR 模型的综合预测效果也优于其他一些多尺度预测模型。

  本篇所构建的多尺度预测模型，具有如下一些优点：①改进的 CEEMDAN 分解方法效果要优于通常使用的 EMD 和 EEMD 方法，该方法能够更加有效地发掘出数据本身所蕴含的信息；②基于最大信息系数的重构工作在降低预测工作量的同时能够保留所需的重要信息，重构序列分别代表着电力需求季节性波动、周期循环和长期趋势，数据自身的特点能够有效地同经济理论相结合；③采用的 Elman 神经网络增强了捕捉动态信息进行预测的能力，同时运用 GA 优化的 SVR 模型能够更好地刻画变量间的非线性映射关系，能够提高模型的预测能力。综上所述，本篇提出了一种将"数据驱动"和"理论驱动"建模方法相结合的预测模型，对于北京市电力需求取得了较好的预测效果。

小　结

电力是现代社会运行发展的重要物质基础，随着人们的生活水平不断提高，对于电力的需求也与日俱增。由于电力资源具有难以储存的特性，容易出现局部供需失衡，影响经济的发展。本篇基于北京市的相关数据，分析了影响电力需求的有关因素，并构建模型进行预测，主要结论如下。

（1）对北京市电力需求的内在周期性波动特征进行研究。与传统的时域研究不同，这里从频域角度，基于完全自适应集合经验模态分解方法（CEEMDAN），分析了北京市电力需求的内在周期。运用 CEEMDAN 方法将北京市电力需求原始序列分解为不同频率的 IMF 序列，对 IMF 序列分别进行计算，可得电力需求的内在周期约为 3 个半月、6 个月、1 年、2 年以及一个长期趋势。

（2）分析了北京市电力需求内在周期所隐含的驱动因素。结合内在周期的统计特征以及现代化城市用电的特点，引入经济增长和平均气温、气压、日照、降水等气象因素，分析不同内在周期所隐含的驱动因素。

经过初步计算后发现降水和日照序列的平均周期与 IMF1 很接近，而气温的平均周期则与 IMF3 一致，同时气温和气压的平均周期大约是 IMF2 的一倍。结合非线性格兰杰检验结果和经济理论来探究气象因素和高频 IMF 序列之间的关系，结论表明，高频项的 IMF1 序列与降水和日照紧密相关，代表着气象因素和一些随机扰动因素的影响，在出现极端天气状况时，可能会导致电力需求大幅波动；IMF2 长为半年的周期性循环则是由夏季和冬季的用电高峰引起的，温度过高或过低都会增加电力的使用。从 IMF1 和 IMF2 的方差贡献率来看，气象因素对于电力需求起到重要影响作用，并且是北京市短期电力需求周期性波动的主要来源。IMF3 的平均周期为 1 年，与气温的周期完全一致，实际上代表着去除夏季和冬季用电高峰后，电力需求随季节平稳变化的状态。

IMF4 计算得到的平均周期为 2 年，但实际上该序列波动并不明显，在金融危机阶段有一个较为显著的下降趋势，可能代表着重大经济事件的影响。由于电力需求的长期趋势是与经济走势相一致的，近几年来我国的宏观经济呈现稳定上升的态势，也没有出现可能持续影响电力需求变化的重大突发事件，因而将 IMF4 和长期趋势项 R 重构，代表着电力需求的长期趋势。Johansen协整检验表明该长期趋势与实际工业产值、销售品零售额等代表社会经济发展的指标之间具有协整关系，同时格兰杰检验的结果表明北京市的电力需求和经济增长之间具有长期稳定的内在依存关系，经济发展增加电力需求，而电力需求反过来拉动经济发展。

（3）基于北京市的月度数据，从非线性和经济变量内生性的视角，运用两阶段广义可加模型，深入分析了经济增长和气象因素对北京市电力消费的影响程度和影响规律。分析表明，经济增长、气象条件等因素与电力消费之间均存在非线性关系；同时，电力消费和经济增长之间存在内生性问题。随着平均气温从零下逐渐上升，电力消费先平缓降低，然后在 14 摄氏度至 22 摄氏度之间保持平缓上升，当平均气温超过 22 摄氏度以后，电力消费开始随着温度上升而迅速升高。

（4）构建了一个新的多尺度预测模型对北京市的电力需求进行预测。首先，运用改进的 CEEMDAN 方法对电力需求序列进行分解，该方法效果要优于通常使用的 EMD 和 EEMD 方法，能够更加有效地发掘出数据本身所蕴含的信息。其次，计算分解得到的 IMF 序列之间的最大信息系数，结合最大信息系数及 IMF 序列的频率等进行重构，这样做既能保留变量的有效信息，又降低了预测的工作量；重构分量分别代表着电力需求季节性波动、周期循环波动和长期趋势，数据自身的特点能够有效地同经济理论相结合。然后基于重构得到的高频项和低频项等序列，运用具有良好的动态信息处理能力的 Elman 神经网络进行预测。最后，利用支持向量回归机对各子序列的预测值进行集成，考虑到支持向量回归机对参数的选取比较敏感，因而使用遗传算法进行参数寻优处理。Elman 神经网络提高了捕捉动态信息进行建模的能力，同时运用遗传算法优化的支持向量回归机模型能够更好地刻画变量间的非线性映射关系，均有助于提高模型的预测能力。实证结果表明，本篇模型的预测结果优于 ARIMA 等单模型预测方法，同时基于 CEEMDAN 分解的模型预测效果也优于 EMD 和 EEMD 分解的多尺度模型。此外，本篇构造的 CEEMDAN – Elman – GA – SVR 模型的综合预测效果也优于其他一些多尺度预测模型。本篇所构建的模型，将"数据驱动"和"理论驱动"建模的方法相结合，对北京市用电量取得了较好的预测效果。

本篇对于北京市电力需求的影响因素进行了分析，并构建了新的预测模型，但是仍然存在一些不足，在未来值得进一步改进，主要不足如下。

（1）对于电力需求内在周期的分析，只是初步分析了内在周期所隐含的驱动因素，并没有深入挖掘影响电力需求周期波动的潜变量，可以引入混合模型（Mixture Model）进行研究，同时也可以更有效地分析结构变化等因素对于电力需求的影响。

（2）本篇所使用的数据，只是月度数据，依然受限于数据结构问题。如果能得到更高频的数据，可以挖掘出更多的信息。此外，随着混频数据估计方法的发展，如何有效利用低频数据中的信息，也值得深入研究。另外，除实际工业产值外，还有一些其他的经济发展指标，并没有得到充分运用。在大数据背景下，今后可以采用一些高维数据分析方法，进行更为全面细致的研究。

（3）构建多尺度预测模型时，采用的方法有限，最新的一些深度学习方法相对于早期的一些神经网络性能更加优越。如何在样本量有限的情况下，运用一些性能更好的模型，也值得研究。此外，在预测过程中，没有有效地利用经济和气象因素等变量的信息，主要是因为：进行外推预测时，如果是一步预测，将外生信息引入模型中具有较好的效果；如果是多步外推预测，由于需要对外生信息也进行外推预测，这样预测误差可能会混叠，反而影响了预测精度。未来可以通过将更高性能的模型进行组合，克服现有方法的不足，从而取得更好的预测效果。